PONS

Bürokommunikation
ENGLISCH

Mehr als 800 Mustertexte und Textbausteine für E-Mails und Briefe zum Nachschlagen und Üben sowie Telefondialoge online zum Herunterladen

von Rachel Armitage-Amato

Neubearbeitung von
Catherine E. Baker
Andrina Rout
Daphne Klimmek

PONS
Bürokommunikation
ENGLISCH

Mehr als 800 Mustertexte und Textbausteine für E-Mails und Briefe zum Nachschlagen und Üben sowie Telefondialoge online zum Herunterladen

von Rachel Armitage-Amato

Neubearbeitung von Catherine E. Baker, Andrina Rout und Daphne Klimmek

Dieses Werk ist inhaltlich weitgehend identisch mit ISBN 978-3-12-562909-7.

1. Auflage 2023

Logoentwurf: Erwin Poell, Heidelberg
Logoüberarbeitung: Sabine Redlin, Ludwigsburg
Titelfoto: Getty Images / Morsa Images
Layout: Petra Michel, Essen; PONS Langenscheidt GmbH, Stuttgart
Satz: Design Depot ltd.; Digraf.pl – dtp services
Druck und Bindung: Multiprint GmbH

ISBN: 978-3-12-562464-1

So benutzen Sie dieses Buch

Lernen Sie mit diesem Buch alle wichtigen Formen des internationalen Schriftverkehrs auf Englisch.

Lesen Sie zuerst das Einführungskapitel **Allgemeine Richtlinien**. Dort sind alle generellen Regeln zusammengefasst.

Prinzipiell sind alle weiteren Kapitel folgendermaßen unterteilt:
Zuerst vervollständigen Sie einen **Lückentext**. Im Anhang des Buches finden Sie den kompletten **Text als Lösung**, der Ihnen auch als **Muster** für Ihre Korrespondenz dienen kann.

Am unteren rechten Rand aller Musterschreiben können Sie an einer Punkteskala den Grad der Förmlichkeit ablesen, der von **formell** bis **informell** reicht.

formell informell

Die **Textbausteine** bieten Ihnen eine reiche Auswahl an Formulierungen, die in bestimmten Situationen üblich sind.

In den **Anmerkungen** werden Sie auf besondere sprachliche Formen hingewiesen.

Schließlich können Sie im Abschnitt **„Sie sind dran!"** das neu Erlernte ausprobieren. Setzen Sie anhand verschiedener Übungen selbst geschäftliche Schreiben auf. Auch für diese Schreiben finden Sie im Anhang **Lösungen** bzw. **Lösungsvorschläge**.

Das Kapitel **Telefonieren** macht Sie außerdem fit in der mündlichen Geschäftskommunikation. Alle Dialoge und Textbausteine sind vertont (MP3-Dateien). Sie können sie **online** unter

www.pons.de/buerokommunikation-englisch

anhören oder sich herunterladen. Und der **kleine Spickzettel für Telefongespräche** auf Seite 207 im Buch wird Ihnen beim Telefonieren rasch auf die Sprünge helfen, damit Sie nicht plötzlich sprachlos sind.

Benutzen Sie dieses Buch jederzeit auch als **Nachschlagewerk**:
Die kompletten Musterschreiben im Anhang sowie die zahlreichen Textbausteine können als Vorlage dienen, wenn Sie zu einem bestimmten Themenbereich einen Brief oder eine E-Mail schreiben wollen.

Noch mehr Musterschreiben finden Sie übrigens **online** unter derselben Internetadresse wie die Telefondialoge.

Die **nützlichen Wendungen** ab Seite 172 bieten Ihnen einen Abriss der geläufigsten Wendungen in der Geschäftskorrespondenz.
In den beiden **Wortlisten** ab Seite 184 schließlich finden Sie in diesem Buch verwendete Begriffe, die man vielleicht nicht immer parat hat – in deutscher und englischer Sprache.

Und nun: viel Erfolg beim Schreiben und Telefonieren auf Englisch!

Inhaltsverzeichnis - *Contents*

Anhang - *Reference section*

Allgemeine Richtlinien

Zum Stil

Englisch wird heute praktisch überall auf der Welt benutzt - auch von vielen Menschen, die Englisch nicht als Muttersprache gelernt haben. Unternehmen verschiedenster Länder benutzen die englische Sprache, um sich miteinander zu verständigen. Im globalisierten Zeitalter ist Englisch heute die wichtigste Verkehrssprache.

Das globale Englisch: nicht britisch, nicht amerikanisch

Das globalisierte Englisch lässt sich daher weder dem britischen noch dem amerikanischen Englisch zuordnen. Sein Stil tendiert eher zu einer neutralen und vereinfachten Ausdrucksweise. Auch der Standort und die Kultur des jeweiligen Unternehmens beeinflussen den Stil ebenso wie das geschäftliche Umfeld, in dem das Unternehmen tätig ist. So unterscheidet sich zum Beispiel das Englisch, das ein britischer und ein italienischer Zeitungsverlag im Austausch verwenden, stark von dem Englisch, das ein brasilianischer Autozulieferer in der Kommunikation mit einem japanischen Autohersteller benutzt. Firmensprache und Kontext sind also wichtige Punkte, die Sie in Erwägung ziehen können, wenn es um die Wahl Ihres persönlichen Schreibstils geht. Hier einige **Ratschläge**:

- Ein Geschäftsschreiben muss vor allem **einfach** sein. Ziehen Sie deshalb **kurze Sätze** vor.
- Überlegen Sie, an wen Sie schreiben. Wie gut beherrscht der **Empfänger** bzw. die **Empfänger*in** Ihres Schreibens die englische Sprache?
- Manche Firmen bevorzugen eher den britischen (manchmal extrem formellen) Stil, andere eher den weniger formellen amerikanischen Stil. Wichtig ist, dass Sie in dem von Ihnen gewählten Stil konsequent bleiben. Das bezieht sich auf die Anrede und die Grußformel, die Wortwahl ebenso wie auf die Schreibweise einzelner Wörter. Zum Beispiel schreibt man für das deutsche Wort *Anfrage* im britischen Englisch oft **enquiry**, im amerikanischen Englisch meistens **inquiry**.

Von formell bis informell

Je nach geschäftlicher Situation wird der Empfänger/die Empfänger*in Ihres Schreibens von Ihnen einen eher förmlichen oder informellen Stil erwarten. Die folgende Übersicht kann Ihnen als Orientierung dienen.

Anlass	Merkmale	Beispiele
	Formeller Stil	
Korrespondenz mit Banken, Behörden und anderen öffentlichen und staatlichen Stellen, Beantwortung von Beschwerden und Reklamationen	**Sehr höfliche, vorsichtig formulierte Sätze**, die auch viele **feststehende Wendungen** enthalten können. Oft werden Formulierungen mit dem **Konjunktiv** und mit **Passivkonstruktionen** benutzt. Die Sätze sind eher lang. Auf korrekte Grammatik, Rechtschreibung und Zeichensetzung wird viel Wert gelegt.	I would like to inform you that my colleague will contact you shortly. We regret to inform you that the delivery has been delayed. Your order is being processed.
	Neutraler Stil	
normale, alltägliche Geschäftskorrespondenz	**Freundliche, geschäftsmäßige Anreden und Grußformeln** mit dem Inhalt des Schreibens entsprechendem **Fachvokabular**. **Klare, eher kurze, einfach formulierte Sätze.** Die **Ansprache** kann zwischen direkt und weniger direkt variieren.	Philip Untersperger will contact you soon. Unfortunately your delivery will be delayed. We are processing your order.
	Informeller Stil	
Korrespondenz mit engen Kollegen und Kolleginnen, sehr guten Geschäftspartnern/-partner*innen und Bekannten	**Sehr kurze Sätze, einfaches Vokabular** und Verwendung von **Abkürzungen**.	Philip will call you asap. I am sorry, your delivery is late. We are working on your order.

Was Sie immer beachten sollten:

- Benutzen Sie Sätze in der **3. Person** und das **Passiv**, wenn Sie **sachlich distanziert** formulieren, z. B. **Your order is being processed** (*Ihre Bestellung wird bearbeitet*), anstelle von „Someone is processing your order" (*jemand bearbeitet Ihren Auftrag*). So schreiben Sie in angemessenem Stil im Auftrag Ihrer Firma. Diese Technik lässt sich auch besonders diplomatisch bei Reklamationen oder Absagen verwenden: **A mistake has been made in our order** (*In unserer Bestellung wurde ein Fehler festgestellt*) klingt wesentlich höflicher als „You have made a mistake in our order" (*Sie haben bei unserer Bestellung einen Fehler gemacht*).
- Wenn Sie sich nicht sicher sind, wie eng und freundschaftlich Ihre geschäftliche Beziehung zu Ihrem Korrespondenzpartner ist, verwenden Sie **lieber den neutralen als den informellen Stil**. Damit machen Sie nichts falsch.
- Heute darf man Sätze auch mit **I** oder **we** beginnen, weil der Satzaufbau dadurch einfacher ist. Nur übertreiben sollte man es nicht.
- Kurzformen wie **I'd, I'll, won't, don't, can't, haven't,** die aus der gesprochenen Sprache stammen, werden im informellen und eher neutral-freundlichen E-Mail-Verkehr zunehmend benutzt. In formellen E-Mails und Briefen sind solche Formen aber weniger angemessen. Hier gilt: Informieren Sie sich am besten, welche Standards in dem Unternehmen, für das Sie arbeiten, gelten.
- Bei der **Anrede und in der Grußformel** wird immer häufiger auf **Interpunktion** verzichtet. Wichtig ist es, konsequent zu sein: also entweder Anrede und Grußformel mit Kommas am Ende oder beide ohne Kommas.

Dear Mr Simpson	**Dear Mr Simpson,**
Yours sincerely	**Yours sincerely,**

- Wundern Sie sich nicht, wenn Ihr englischer Geschäftspartner Sie schon bald mit Ihrem **Vornamen** anredet. Dies bedeutet nicht, dass er Sie damit in seinen engsten Freundeskreis aufgenommen hat! Im Englischen geht man einfach nach kürzerer Zeit als im Deutschen zu einem weniger formellen Umgangston über.

Brief, E-Mail oder Fax?

E-Mails haben sich zum Standardmedium der geschäftlichen Korrespondenz entwickelt. E-Mails und Faxe haben den Vorteil, dass sie schnell sind und einfache Kommunikation mit einem oder mehreren Empfängern/Empfänger*innen ermöglichen. Sie sind ideal für kurze Nachrichten in der Alltagskommunikation. Sie sollten aber nicht beim Austausch sensibler Informationen benutzt werden. Für vertragliche Dokumente, die eine Unterschrift erfordern, für rechtliche Auseinandersetzungen und förmliche Beschwerden, aber auch für persönliche Anlässe, z. B. Beileidsbekundungen, sollte stets die Briefform gewählt werden.

Anrede und Grußformel

Die im Folgenden aufgeführten Anrede- und Grußformeln werden gleichermaßen in E-Mails, Briefen und Telefaxen benutzt.

Sie schreiben ...	Anrede	Passende Grußformeln
	Formelle Beziehungen	
▪ an eine Firma oder eine Person, von der Sie weder Namen noch Geschlecht kennen	**Dear Sir/Madam** **Dear Sir or Madam** **To whom it may concern** **The Marketing Department**	**Yours faithfully** (tendenziell britisch)
▪ an eine Frau (verheiratet oder ledig), deren Namen Sie nicht kennen	**Dear Madam**	**Yours truly** **Truly yours** (eher amerikanisch)
▪ an einen Mann, dessen Namen Sie nicht kennen, bzw. mehrere Männer (wenn absolut sicher ist, dass es sich nur um Männer handelt)	**Dear Sir** **Dear Sirs**	
▪ an eine Person, deren Namen Sie kennen	**Dear Mr / Ms / Mrs Dimitriou**	**Yours sincerely** (eher britisch - formell)
▪ an jemanden, von dem Sie nicht wissen, was Vorname und was Nachname ist	**Dear Aarush Ahuja** (= kompletter Name)	**Kind regards** **Best wishes** (britisch, zum Informellen tendierend)
▪ an jemanden ohne „Dear" in der Anrede (tendenziell amerikanisch, vor allem in einem Antwortschreiben).	**Mr Pavlova** **Ms Yang** **Julie**	**Yours truly** **Truly/Sincerely yours** **Respectfully** **Sincerely** (amerikanisch)
	Informelle oder persönliche Beziehungen	
▪ an eine Person, die Sie bereits mit Vornamen anschreibt bzw. anspricht	**Dear Irina**	Etwas formeller: **Yours** **Yours sincerely** **(Kind) Regards**
▪ an jemanden ohne „Dear" in der Anrede (tendenziell amerikanisch, vor allem in einem Antwortschreiben)	**Alexander**	
▪ an Mitglieder einer Abteilung / Gruppe	**Dear all**	Weniger formell - freundschaftlich: **Warm regards** **(Very) Best wishes** **Best** **Cheers** **All the best** **Take care**
▪ an Einzelne oder an Gruppen, um freundlich zu wirken (Alternative zu „Dear")	**Good morning/afternoon/ evening Patrick / Ms Gonzalez.**	
▪ eine/n langjährige/n Kollegen/Kollegin oder Bekannte/n bzw. nach längerem E-Mail-Verkehr	**Dear Carol** **Hi Werner** **Hello**	

- Beachten Sie: Nur das erste Wort in der Grußformel wird großgeschrieben (**Kind regards, Very best wishes ...**).
- **Regards** wird als Grußformel bei häufigem Mailverkehr oft benutzt.
- Bei einem schnell getakteten Mailverkehr zwischen gut miteinander bekannten Personen, der schon eher einen Gesprächscharakter angenommen hat, werden **Anrede und Grußformel** manchmal ganz **weggelassen**.
- Die Anrede ohne das Wort **Dear** wird immer häufiger gewählt, sowohl beim informellen als auch beim eher formellen Schriftverkehr. Sie sollte vom Empfänger/von der Empfänger*in nicht als unhöflich gesehen werden. Die Anrede mit Dear ist jedoch weiterhin korrekt und Standard.
- In Faxen wird häufig auf eine Anrede verzichtet.
- Die absendende Person kann dem/der Empfänger*in signalisieren, dass er/sie in Zukunft mit Vorname angeschrieben werden kann/möchte, indem der Nachname in Klammern am Ende des Schreibens geführt wird: **Rachel (Maskin)**.
- Für private Korrespondenz mit engeren Bekannten können Sie am Ende Ihres Schreibens übrigens folgende Grußformeln benutzen: **Yours / Kindest regards / (With) Best wishes.**

Musterbrief

Die Gestaltung eines Geschäftsbriefes variiert von Land zu Land und von Firma zu Firma. Der folgende Musterbrief zeigt Ihnen eine geläufige Form der Gestaltung. Andere Formen werden in weiteren Musterbriefen im Buch dargestellt.

LUXIPHON Magdeburger Straße 250 · 10785 Berlin · Tel. 030-33 44 5500 · Fax 030-33 44 5587
mail@luxiphon.de · www.luxiphon.com

Mr J. P. Queensway
Branch Manager
Financial Bank PLC
45 Highway Avenue
Banbury
Kent AP7 5RT

8th January 20...

Our ref: RM / AF 2411
Your ref: JQ / 108

Dear Mr Queensway

Delivery charges

Thank you for your inquiry of 1st January. We hope you will find the enclosed information useful. Thank you once again for the interest shown in our products.

Yours sincerely

R. Maskin

R Maskin (Mrs)

p.p. Mr J Müller
Export Manager

Enc

- Empfänger- und Absenderadresse sowie das Datum werden immer aufgeführt.
- Um Missverständnissen aus den Weg zu gehen, ob ein **Datum** in Zahlen nach der britischen Variante (TT/MM/JJ) oder nach der amerikanischen Variante (MM/TT/JJ) geschrieben ist, schreiben Sie das Datum am besten immer mit dem Monatsnamen: **4th March 20... / 4 March 20...** oder **March 4th, 20... / March 4, 20...**.
- Betreffzeile und Referenznummer werden in Briefen sehr oft verwendet.
- Alle Zeilen beginnen am linken äußeren Rand, Absätze werden durch **Leerzeilen** getrennt.
- Das erste Wort im Hauptteil des Briefes, also **nach der Anrede**, wird immer **großgeschrieben**.
- Das Wort **enclosed** (*als Anlage*) wird bei Briefen verwendet, wenn mit dem Brief weitere Unterlagen verschickt werden. Am Briefende wird nochmals mit **Enc** oder **Encl** darauf hingewiesen.

Anrede in der Anschrift eines Briefes

Ms	für eine Frau, von der nicht bekannt ist, ob sie ledig oder verheiratet ist Ursprünglich ist diese Anredeform amerikanisches Englisch; sie setzt sich nun aber auch im britischen Englisch durch. („*Miss*" wird nur noch für minderjährige Mädchen benutzt!)
Mrs	für eine verheiratete Frau
Mr	für einen Mann
Messrs	für zwei und mehr Herren (Geschäftspartner oder Inhaber) Diese Anredeform wird in den Ländern des Commonwealth benutzt im Verkehr zwischen Anwaltskanzleien und alteingesessenen Firmen.
The... Department	Wenn Sie den Namen des Adressaten nicht kennen, können Sie seine Funktion innerhalb der Firma angeben (**The Head of Sales Department**) oder die Abteilung (**Sales Department**) .

Unterschrift

Die Unterschrift steht immer zwischen der abschließenden Grußformel und dem maschinengeschriebenen Namen des Absenders, dem auch Titel sowie Funktion innerhalb der Firma hinzugefügt werden können:

Yours faithfully

R Maskin (Mrs)
Sales Representative

Kurzzeichen und Vermerke

Sie sind an verschiedenen Stellen im Brief möglich, wie z. B.:

- Oben links, unter dem Briefkopf / Über oder unter der Anschrift:

  Ref: - Aktenzeichen des Absenders, das normalerweise aus den Initialen des Verfassers und seiner Sekretärin besteht sowie einer Aktenziffer, einer Kontonummer oder einer Kundennummer, z. B.: SJG / AD 567
  Our ref: - Aktenzeichen des Absenders (siehe oben)
  Your ref: - Aktenzeichen des Empfängers, das der Absender in seiner Antwort übernimmt

- Nach der Empfängeranschrift:

  For the attention of Mr Shaw oder **Attention: Mr Shaw** - um den Namen des tatsächlichen Empfängers hervorzuheben
  To whom it may concern (≈ an alle, die es betrifft) - an einen unbekannten Empfänger

- Nach der Anrede:

  Water supplies in India - Betreff des Briefes
  ACCOUNT No. 556378 (manchmal auch abgekürzt **Acc. ...**) - der Brief bezieht sich auf das angegebene Konto
  Grant's & Co Ltd - der Brief betrifft die hier zitierte Firma

- Zwischen abschließender Grußformel und Unterschrift / Zwischen Unterschrift und maschinengeschriebenem Namen:

  On behalf of / Acting for (z. B. bei einer Urlaubsvertretung)

  p.p. - *(per procurationem)* in Vertretung; darf nur verwendet werden, wenn der/die Unterzeichnende dazu rechtlich autorisiert ist, im Namen der Firma oder für jeden anderen stellvertretend zu unterschreiben

- Unten links, unterhalb der Unterschrift:

  PS: - wird in informellen Briefen benutzt um etwas hinzuzufügen, was im Hauptteil des Briefes vergessen wurde
  Enc(s) *oder* **Encl(s)** (Abkürzung für **Enclosure** - Anlage) - weist darauf hin, dass dem Brief Dokumente (Schecks, Kataloge, Kostenvoranschläge etc.) beigefügt sind
  cc: oder **copy to:** - bezeichnet die Namen derer, die eine Kopie des Briefes erhalten haben

Umschlag

Der Aufbau einer Adresse variiert stark von Land zu Land. Aus Platzgründen können an dieser Stelle nur je ein Beispiel für das Vereinigte Königreich und die USA angeführt werden. Bitte erkundigen Sie sich z. B. im Internet, wie die korrekte Angabe der Adresse in anderen Ländern erfolgt.

- Auf dem Umschlag erscheinen Name und Adresse genau wie in der Anschrift, nur dass Abkürzungen wie **Rd** für **Road**, **Av** oder **Ave** für **Avenue** und **St** für **Street** benutzt werden können. Weitere Abkürzungen sind: **Arc: Arcade; Bvd: Boulevard; Cl: Close; Cres: Crescent; Ct: Court; Dr: Drive; Esp: Esplanade; Pl: Place; Sq: Square**.
- Für die Länder des UK gilt die folgende Adressangabe; die Postleitzahl bzw. der Postcode bekommt eine eigene Zeile:

  Mr T Simons
  Morvan Manufacturing
  24 Bromsgrove Rd
  Sheffield Yorkshire
  SF2 5ST
  UNITED KINGDOM

- Für die USA beachten Sie: Hinter dem Stadtnamen folgt ein Komma, danach in Großbuchstaben das Kürzel des Bundesstaats, dahinter der ZIP-code (Postleitzahl):

  Ms Audrey Smith
  Manager
  Sales Departement
  Filefactory Inc.
  195 NW 48th St
  Miami, FL 33133
  USA

- Folgende besondere Hinweise können auf dem Umschlag stehen:

Air mail	*Luftpost*	**Confidential**	*Vertraulich*
Express	*Eilbrief*	**To be called for**	*Postlagernd*
Urgent	*Eilig*	**Poste restante**	*Postlagernd*
Registered	*Einschreiben*	**Please forward**	*Bitte nachsenden*
Private	*Persönlich*	**Sample**	*Muster*
Personal	*Persönlich*	**Fragile**	*Zerbrechlich*
Printed matter	*Drucksache*	**Postage paid**	*Gebührenfrei*
Attn: *Julie Smith*	*zu Händen*		

Diese Hinweise stehen in der oberen linken Ecke des Umschlags.

Musterfax

LUXIPHON

Magdeburger Straße 250 · 10785 Berlin · Tel. 030-33 44 5500 · Fax 030-33 44 5587
mail@luxiphon.de · www.luxiphon.com

Fax Message

To: Felicity Roberts, Communix Importers	**From:** Jens Müller
Fax No.: 0061 3 3187768	**Fax No.:** 0049 30 33 44 5587
Tel. No.:	**Tel. No.:** 0049 30 33 44 5507
Subject: New Range	
Page / s: 1 of 5	**Date:** 16.08.20...

Thank you for your enquiry about our new executive range of office telephones. As requested, I am faxing pp. 25-28 of our current catalogue, featuring the most recent additions to our range. The complete catalogue follows by post.

I look forward to hearing your feedback and to a successful future co-operation between our companies.

Yours sincerely

Jens Müller
Sales Manager

- Bei einem Fax wird häufig auf die Anrede verzichtet.

E-Mails

Bei E-Mails sollte noch mehr als bei Briefen auf **kurze Texte** geachtet werden, denn E-Mails werden in der Regel weniger aufmerksam und genau gelesen als Briefe. Außerdem ist das Lesen am Bildschirm anstrengender als auf dem Papier.

Wenn Sie wichtige oder komplexere Informationen per Mail verschicken möchten, hängen Sie diese Informationen besser als Dokument in den Anhang der Mail und verweisen im E-Mail-Text darauf: **We have attached ...** (Wir haben ... angehängt.)

Halten Sie den Aufbau einer E-Mail möglichst einfach. Verzichten Sie auf **Einrückungen und automatische Aufzählungen** mit Punkten oder Nummerierungen und Sonderzeichen, weil diese Textformatierungen vom Mailsystem des Empfängers/der Empfänger*in oftmals nicht erkannt werden und der Text auf auf seinem/ihrem Bildschirm chaotisch aussehen könnte. Statt Aufzählungen arbeiten Sie lieber mit kurzen Überschriften, die Sie fett markieren können, und lassen Sie mindestens eine Zeile Abstand vor der nächsten Überschrift.

Muster-E-Mail

Subject:	**Catalogue**
Date:	17.08.20...
From:	felicity.roberts@communix.au
To:	j.mueller@luxiphon.de
Cc:	patrick.bacon@communix.au
Attachment:	Order 01.xls

Dear Mr Müller

Thank you for your fax, with the catalogue pages we requested. We have since received the full catalogue and have attached our first order. We are very impressed by the quality and choice your company offers.

Yours sincerely
Felicity Roberts

Felicity Roberts (Ms)
Purchasing Manager, Communix
44 Pine Way · Vermont South 3133
Victoria · Australia
Tel +61 (0)3 3187767 · Fax +61 (0)3 3187768
www.communix.com

- Versuchen Sie die Betreffzeile (**Subject**) einer E-Mail immer sorgfältig auszufüllen mit kurzen, treffenden Stichwörtern. Dann weiß Ihr/e Korrespondenzpartner*in sofort, worum es geht, und Sie erleichtern sich die spätere Sortierung Ihrer Mails.

- Obwohl E-Mails und Faxe oft schnell und weniger formell sind, sollten sie dennoch gut formuliert sein und zu der Beziehung zwischen Absender und Empfänger passen.

- In E-Mails, Faxen und Briefen können die gleichen Grußformeln benutzt werden. Bei der Kommunikation mit einer gut bekannten Person können die Grußformeln sogar weggelassen werden und man beginnt ohne Anrede gleich mit der Nachricht.

- Abkürzungen werden in E-Mails oft gebraucht, z. B.:

  tifn = that's it for now (das wäre es im Moment)
  TIA = thanks in advance (danke im Voraus)
  BTW = by the way (übrigens)
  FAQ = frequently asked questions (häufig gestellte Fragen)
  FYI = for your information (zu Ihrer Kenntnis / Information)
  ASAP = as soon as possible (schnellstmöglich)
  Snail mail (der übliche Postweg) ist das „Gegenteil" von E-Mail.

- **Emoticons** werden in E-Mails gerne benutzt. Bei einem Erstkontakt bzw. wenn man sich nicht so gut kennt, verzichten Sie jedoch auf diese Zeichen, sondern versuchen Sie, sich durch eine entsprechende Formulierung in Worten auszudrücken. Und wenn Sie im geschäftlichen Schriftverkehr Emoticons benutzen, sollten Sie sich auf diese vier häufigsten beschränken, denn andere Emoticons könnten auch leicht missverstanden oder gar nicht verstanden werden:

  :-) Freude
  :-(Traurigkeit, Enttäuschung
  :-O Überraschung, Erschrecken
  ;-) Ironie, Augenzwinkern

Folgende Begriffe und Wendungen werden Ihnen häufig beim Erstellen und Versenden von E-Mails begegnen:

attachment	angehängte Datei
to download	herunterladen
electronic correspondence	elektronische Korrespondenz
email address	E-Mail-Adresse
to forward a mail	eine Nachricht / Mail weiterleiten
to import files	Dateien importieren
internet access	Internetzugang
mailbox	elektronisches Postfach, Mailbox
provider	Anbieter
to receive a mail	eine Nachricht / Mail empfangen
recipient	Empfänger
to send a mail	eine Nachricht / Mail senden

to store / file	ablegen
to subscribe to	abonnieren
to surf the internet	im Internet surfen
to unsubscribe	ein Abo kündigen
zipped file	komprimierte (gezippte) Datei
to find information **on** the internet	Informationen im Internet finden

Die Signatur in E-Mails

Die Signatur einer E-Mail dient nicht allein der freundlichen Information über die Kontaktdaten des Absenders/der Absender*in, sondern muss im geschäftlichen Schriftverkehr rechtlichen Vorschriften folgen. Eine Signatur muss in Deutschland alle Angaben enthalten, die auch auf einem Briefformular stehen:

- Firma (= Name des Unternehmens)
- die Gesellschaftsform des Unternehmens (GmbH, AG etc.)
- die Name(n) der Geschäftsführung (und des Aufsichtsrats, falls vorhanden)
- die Handelsregisternummer
- die Umsatzsteuer-ID-Nummer
- Sitz des Unternehmens (= Adresse)

In der Regel legt die Unternehmensleitung den Inhalt und den Aufbau der Signatur fest, die von den Mitarbeiterinnen und Mitarbeitern mit ihrem vollständigen Namen, ihrer Funktion, ihrer telefonischen Durchwahl und ihrer persönlichen E-Mail-Adresse individuell angepasst werden.

Viele Unternehmen platzieren in einen „Footer" (Fußzeile) auch eigene Werbung. Bei Ladengeschäften können auch die **Öffnungszeiten** des Geschäfts angegeben werden. Falls Sie in **Teilzeit** arbeiten, können Sie in Absprache mit der Unternehmensleitung auch die Zeiten, in denen Sie für Externe direkt erreichbar sind, ergänzen.

Wenn Sie häufig Schriftverkehr mit dem Ausland haben, empfiehlt sich auch die **Übersetzung der Signatur** in eine andere Sprache, z. B. ins Englische. Dies erleichtert den Empfängern/Empfänger*innen das Verständnis. Achten Sie darauf, dass Sie die deutschen Umlaute **ä**, **ö** und **ü** mit **ae**, **oe** und **ue** ersetzen und das **ß** durch ss, da diese Buchstaben von E-Mail-Programmen in anderen Ländern oft nicht gelesen werden können.

SMS & Co.

Insbesondere Mobiltelefone dienen heute nicht mehr nur der mündlichen Kommunikation (▶ siehe Kapitel „Telefonieren", S. 143). Mit ihnen lassen sich auch schriftliche Nachrichten versenden. Das ist praktisch, z. B. wenn man gerade nicht anrufen kann, weil man im Zug sitzt oder weil die Tageszeit sehr ungünstig ist.

Erkundigen Sie sich bei Ihrer Unternehmensleitung, ob und wie Textnachrichten per Mobiltelefon in der geschäftlichen Kommunikation erlaubt bzw. erwünscht sind. Sofern Ihnen Ihr Unternehmen ein Mobiltelefon zur Verfügung stellt, werden Sie wahrscheinlich auch über die Nutzungsrichtlinien informiert werden.

Zur „Texting etiquette" im geschäftlichen Umfeld

Kurznachrichten per SMS, What's App etc. können schnell flapsig oder gar unangebracht wirken. Daher überlegen Sie sich, wenn Sie eine Textnachricht verfassen, ob Sie sie in dieser Form auch an Ihre Geschäftsführung schicken würden. Wenn ja, dann können Sie mit ruhigem Gewissen „senden" drücken.

- Knüpfen Sie keinen ersten geschäftlichen Kontakt per Kurznachricht.
- Achten Sie auch bei Ihren Messages auf den guten Ton. Mit einem zusätzlichen „please" bzw. „thank you" oder „Is that OK with you?" wirkt Ihre Nachricht gleichzeitig freundlich und professionell.
- Lesen Sie den Text immer nochmals auf Fehler durch, bevor Sie Ihre Nachricht schicken.
- Versenden Sie niemals schlechte oder vertrauliche Nachrichten per Mobiltelefon.
- Man kann nicht davon ausgehen, dass der Empfänger/die Empfänger*in eine Nachricht sofort liest. Deshalb: Überlegen Sie, ob es nicht besser ist, anzurufen, statt eine Nachricht zu schicken, falls es sehr dringend ist.
- Benutzen Sie niemals Gruppen-Chats in geschäftlichem Kontext - es könnte zu kompliziert werden.
- Benutzen Sie in Ihren Texten nur bekannte Abkürzungen, wenn überhaupt.
- Halten Sie sich an die Geschäftszeiten. Verschicken Sie keine Nachrichten früh morgens oder abends oder nachts.

Einige Musternachrichten

SMS 1: Ein Firmengast teilt seine Ankunft mit.

Good morning Markus, I have just arrived at the company. Could you meet me at reception as agreed? Many thanks, Tatiana.

SMS 2: Das Flugzeug hat Verspätung.

Hi Janick, Unfortunately, my flight has been delayed. I will be approx. 30 minutes late for the meeting. I have left a voice message and sent you an email. Please pass on my apologies to the chairperson. Regards, Carlo.

SMS 3: Man bedankt sich.

Hello Frank, thanks for your help with the software issue this afternoon. Everything went well and we went live just before I left to catch my train. I will call you tomorrow.
Andrew.

Anmerkungen

Die **Grußformel** bei SMS oder WhatsApp-Nachrichten lautet in der Regel **Regards**. Jüngere Menschen benutzen bei ihren Kurznachrichten inzwischen auch häufig **Abkürzungen**. Bei der Kontaktpflege mit Externen sollte man die Wörter besser ausschreiben. Einige Abkürzungen sind allerdings auch im geschäftlichen Verkehr inzwischen akzeptiert:

APX	Approximately	**FYI**	For Your Information
ASAP	As Soon As Possible	**PCM**	Please Call Me
COB	Close of Business	**Thx**	Thank you

Sie sind dran!

Verbinden Sie jede Anrede mit einer passenden Grußformel. Achtung: Es gibt manchmal mehrere Möglichkeiten! Die Lösung finden Sie auf Seite 151. Schlagen Sie aber nicht sofort nach!

Dear Sir/Madam *(eine Bank in Singapur)*	Yours truly
Dear Mr Olson *(ein Geschäftspartner in Dänemark)*	Best wishes / Kind regards / Sincerely
Dear Abdul-Karim *(ein Geschäftspartner in Ghana)*	Yours sincerely
To whom it may concern *(die British Library in London)*	Yours faithfully
Dear all *(Kollegen in Frankreich)*	Best wishes / Cheers!
Hi Rima *(ein Geschäftspartner in Spanien)*	All the best
Alexander *(ein langjähriger Kunde in Russland)*	All the best / Regards

1 Reservierungen vornehmen

Die Firma Luxiphon stellt Mikrofone und weitere Geräte im Bereich der Tontechnik her. Herr Müller wird sie auf der Internationalen Messe für Eventtechnik in Birmingham vertreten. Er bereitet seine Reise vor. Er sendet eine E-Mail an das ihm empfohlene Paradise Hotel.

Subject: **Reservation**
Date: Di 04.02.20.... 16:32
From: j.mueller@luxiphon.de
To: booking@paradise-hotel.uk

1 ____________

2 ____________ 3 ____________ a single room at your hotel
4 ____________ 19th-26th February.
5 ____________ a room with a view of the gardens, air conditioning, and an en suite bathroom with shower.

6 ____________ my booking 7 ____________, and 8 ____________ your rates per night including breakfast.

9 ____________, could you please provide me with the address of a suitable hotel in the Birmingham area?

10 ____________

Jens Müller

Luxiphon GmbH
Jens Mueller
Sales Manager
Magdeburger Straße 250
10785 Berlin
Deutschland/Germany
Tel +49 (0)30 3344 5507
Fax +49 (0)30 3344 5587
Email: j.mueller@luxiphon.de

Geschaeftsfuehrung: Roland Pfeifer, Florian Eschenbach
HRB 1867682, Amtsgericht Berlin-Mitte, Deutschland
Umsatzsteuer-ID-Nr.: DE 139 259 640

▶ E-Mail 1: Lösung auf Seite 154

Helfen Sie ihm, eine Hotelreservierung vorzunehmen. Von den drei vorgegebenen Formulierungen passt allerdings jeweils nur eine in den nebenstehenden Lückenbrief.

1 *Die Anrede:*
Dear Sir
To Paradise Hotel
Dear Sir / Madam

2 *Einen Wunsch äußern:*
I require
I would like
I want

3 *Ein Zimmer „reservieren" heißt:*
to book
to rent
to hire

4 *Welche ist die passende Präposition?*
in the week
during the week
for the week

5 *„Ich benötige":*
I require
I would be interested in
It would be nice to have

6 *Um eine Bestätigung bitten:*
Please could you confirm
Can you confirm
Please register

7 *Um eine rasche Antwort bitten:*
as soon as possible
very quickly
at your convenience

8 *Informationen erbitten:*
show me
provide me with
give me information on

9 *„Falls kein Zimmer frei ist":*
If you have no vacancies
If you haven't got any rooms
If there is no space left

10 *Die Grußformel:*
Yours faithfully
Best wishes
Yours sincerely

Textbausteine

Ein Zimmer suchen

I would like to book... .	Ich möchte ... reservieren.
I am interested in booking... .	Ich wäre daran interessiert(,) ... zu buchen / reservieren.
I am writing to you (in order) to... .	Ich schreibe Ihnen(,) um ... zu ... .
I am looking for a suitable hotel near the airport.	Ich suche ein gutes / geeignetes Hotel in Flughafennähe.

Reservieren, buchen, mieten

to book / reserve a single / double room	ein Einzel- / Doppelzimmer reservieren / buchen
I would like to reserve the luxury / presidential suite.	Ich möchte die Luxussuite reservieren.

We have booked a table for three.	Wir haben einen Tisch für drei Personen reservieren lassen.
Have you reserved seats for the theatre?	Haben Sie Plätze für das Theater reserviert?
I would like to book two seats on the next flight to New York.	Ich möchte zwei Plätze für den nächsten Flug nach New York buchen.
to rent a flat / a room / a car	eine Wohnung / ein Zimmer / ein Auto mieten
to hire a car / a boat / a bicycle	ein Auto / ein Boot / ein Fahrrad mieten

Ein Bedürfnis oder einen Wunsch äußern (sortiert von formell nach informell)

I would be grateful for / appreciate... .	Ich wäre dankbar für ... .
Could you provide me with... ?	Könnten Sie mir ... zuschicken?
I would *(formeller)* / will *(direkter)* require... .	Ich würde ... benötigen / Ich benötige ... .
I am interested in... .	Ich interessiere mich für ... .
I need	Ich brauche ... .

Eine Dauer, einen Zeitraum angeben

for the week 19 - 26th February	für die Woche vom 19. bis 26. Februar
for the month of May	für (den gesamten) Mai
for five weeks from 20th July	für fünf Wochen ab dem 20. Juli
for this / next / the coming weekend	für dieses / das nächste / das kommende Wochenende
for the Easter / summer holidays	für die Oster- / Sommerferien
from 19th to 26th February	vom 19. bis 26. Februar
from 2nd May onwards	ab dem 2. Mai / beginnend am 2. Mai

Ein Zimmer beschreiben

a room with a view	ein Zimmer mit Ausblick
a room which overlooks the courtyard / garden	ein Zimmer zum Hof / Garten hinaus
a room with a sea view	ein Zimmer mit Meerblick
a south-facing room	ein Zimmer nach Süden
an air-conditioned room	ein klimatisiertes Zimmer
a room...	ein Zimmer ...
with bath and shower	mit Bad und Dusche
with air conditioning	mit Klimaanlage
with a child's bed	mit Kinderbett
with plenty of light	das möglichst hell ist

Um eine Bestätigung bitten

I would be grateful if you could confirm... .	Ich wäre Ihnen dankbar, wenn Sie (mir) ... bestätigen könnten.
Please could you confirm...?	Könnten Sie bitte ... bestätigen?
Please confirm...	Bitte bestätigen Sie ...

Um eine rasche Antwort bitten

at your earliest convenience *(gilt als ein wenig veraltet)*	sobald es Ihnen möglich ist
as soon as possible	so bald wie möglich

Nach dem Preis fragen

I would appreciate information about your rates / prices.	Ich würde mich über Informationen zu Ihren Preisen freuen.
I would be grateful for an indication of your rates.	Ich wäre Ihnen dankbar, wenn Sie mir Ihre Preise mitteilen könnten.
I would like to know your daily / weekly / monthly rates.	Bitte teilen Sie mir Ihre Tarife pro Tag / Woche / Monat mit.
Please send us your price list.	Bitte senden Sie uns Ihre Preisliste.
I would like to know what you charge for... .	Was / Wie viel berechnen Sie für ...?

Welche Mahlzeiten sind inbegriffen?

including breakfast	Frühstück inbegriffen
evening meal included	Abendessen inbegriffen
full board / half board	Vollpension / Halbpension
Bed and Breakfast	Zimmer mit Frühstück
B & B and evening meal	Zimmer mit Frühstück und Abendessen

Falls kein Zimmer frei ist

Should you have no vacancies... .	Sollten Sie keine Zimmer (mehr) frei haben, ...
If you have no accommodation available... .	Falls Sie keine Unterbringungsmöglichkeiten (mehr) haben, ...
If you have no vacancies... .	Wenn Sie keine Zimmer (mehr) frei haben ... .
no vacancies	belegt / ausgebucht

Anmerkungen

- Im Englischen kann man „reservieren" sowohl mit **to reserve** als auch mit **to book** ausdrücken: **to reserve a table / to book a table**; **to reserve seats at the theatre / to book seats at the theatre**. Geläufiger ist jedoch **to book**, besonders in der Wendung **to book a flight to...** (einen Flug nach ... buchen).

- Merken Sie sich folgende Präpositionen:
  to book a room AT your hotel;
  I would be grateful FOR an indication of...;
  AT your earliest convenience;
  I would be interested in... .

Sie sind dran!

In diesem Abschnitt können Sie üben, die neuen Begriffe und Wendungen zu benutzen. Fällt Ihnen keine passende Lösung ein, dann schlagen Sie hier, wie in den folgenden Kapiteln, noch einmal im jeweiligen Teil „Textbausteine" nach.
Achtung: Häufig sind mehrere Lösungen möglich und häufig steht eine Lücke für mehr als ein Wort!

1 Füllen Sie die Lücken in dieser Anfrage an eine Autovermietung:

I ______________ to ______________ a car ______________ the month of May. I would be ______________ if you could send me your daily ______________ for a small four-seater car, and an indication ______________ the current prices of petrol in Spain.

2 Vervollständigen Sie folgende Zeitungsannonce:

FOR RENT

Beautiful Villa on the Island of Jersey!
Four bedrooms, each ______________ private bathroom; spacious lounges with sea ______________; swimming pool with diving board.

3 Beantworten Sie jetzt die Annonce:

I saw your advertisement for the villa in Jersey, I ______________ interested ______________ it from 1st - 30th September.

Please ______________ if it is available as ______________ .

4 Ergänzen Sie die Anfrage:

I would like ______________ a caravan ______________ the weekend.

I ______________ grateful if you ______________ send some information on the different models available, as well as an ______________ of your ______________ rates.

5 Erkundigen Sie sich nach einem Flug nach Barbados:

I am ______________ to you in order to ______________ a flight to Barbados ______________ 10th July. I will be travelling with my wife and two children, and therefore will ______________ four seats. We ______________ to travel first class.

I would be ______________ if you could confirm the booking as ______________ possible, as I must also make arrangements to ______________ a car for our stay.

▶ Lösung auf Seite 163

Lerntipps

- Notieren Sie nun die Wörter und Ausdrücke, die Ihnen besonders wichtig erscheinen. Welche waren Ihnen neu?
- Auch wenn Sie nicht alles im Detail verstanden haben: Gehen Sie nach einiger Zeit zum nächsten Kapitel über, etwaige Unklarheiten lösen sich von selbst, wenn Sie etwas weiter sind.

2 Termine vereinbaren

Geschäftliche Termine

Einer der wichtigsten Kunden von Luxiphon ist in Birmingham ansässig und Herr Müller möchte in dieser Firma die neuesten Mikrofonmodelle präsentieren. Er will deshalb mit Frau Angela Johnson, seiner Kontaktperson innerhalb dieser Firma, einen Termin ausmachen. Er schickt ihr eine E-Mail ...

Subject: **Appointment**
Date: Mo 10.02.20.... 9:51
From: j.mueller@luxiphon.de
To: a.johnson@electron.co.uk (Angela Johnson)

1 ____________

2 ____________ my email of January 12th, 3 ____________ in Birmingham next week for the International Fair for Event Technology. 4 ____________ that 5 ____________ brought out a number of new models, and I would be pleased to demonstrate them to you at some point during the week. 6 ____________ Tuesday 18th at 4 o'clock at your office?

7 ____________ convenient, could you propose an alternative arrangement.
8 ____________ this appointment as soon as possible?

Should you have any further queries regarding our products, 9 ____________.

I look forward to our next meeting.

Yours sincerely
J Müller

Luxiphon GmbH
Jens Mueller
Sales Manager
Magdeburger Straße 250
10785 Berlin
Deutschland/Germany
Tel +49 (0)30 3344 5507
Fax +49 (0)30 3344 5587
Email: j.mueller@luxiphon.de

▶ E-Mail 2: Lösung auf Seite 154

Helfen Sie ihm, einen Geschäftstermin zu vereinbaren:

1 *Die Anrede:*
Dear Sir / Madam
To whom it may concern
Dear Mrs Johnson

2 *Sich auf eine vorausgegangene E-Mail beziehen:*
As mentioned in
As told in
In view of

3 *„Ich habe vor, (am ... in ...) zu sein":*
I should be
I am planning to be
I hope to be

4 *Die Aufmerksamkeit des Lesers erregen:*
You may be conscious
You may be interested to know
You must know

5 *Welches Pronomen steht für die Firma?*
I have recently
we have recently
they have recently

6 *Einen Vorschlag machen:*
May I suggest
How about
I say

7 *Eine negative Vermutung äußern:*
If this is not
In case this isn't
When this is not

8 *Um eine Bestätigung bitten:*
Please confirm
You should confirm
Would you kindly confirm

9 *„stehe ich Ihnen (gern) zur Verfügung":*
I remain at your disposal
I am available
please do not hesitate to contact me

Private Termine

Herr Müller erinnert sich, dass sein alter Bekannter George Grayson in Birmingham (UK) wohnt, und beschließt, ihn auf seiner Reise zu besuchen. Er kündigt ihm seinen Besuch an und schlägt auch schon einen Termin vor.

Subject: **Hi**
Date: Mo 10.02.20.... 18:11
From: j.mueller@luxiphon.de
To: Georgieg@yahoo.co.uk

1 ________________

2 ________________ in Birmingham next week 3 ________________, and I was wondering if 4 ________________ somewhere for dinner; it seems such a long time since we last saw each other.
5 ________________ the White Horse Inn 6 ________________ at 8?
Let me know during the week whether 7 ________________.
If you can't make it maybe we can 8 ________________.

9 ________________ seeing you again!

10 ________________

Jens

▶ E-Mail 3: Lösung auf Seite 155

Helfen Sie ihm, eine E-Mail mit einem Terminvorschlag vorzubereiten, und benutzen Sie jeweils einen der folgenden Begriffe. (Vergessen Sie dabei nicht, dass es sich um einen privaten Termin handelt!)

1 *Die Anrede:*
Dear Mr Grayson
Dear Sir
Dear George

2 *„Ich werde voraussichtlich sein“:*
I will
I am due to be
I am willing to be

3 *„Geschäftlich“:*
on business
for business
to do business

4 *Welche ist die richtige Verbform?*
we could meet
we have met
we would meet

5 *Etwas vorschlagen:*
Maybe
How about
May I suggest

6 *Mit oder ohne Präposition?*
Tuesday
the Tuesday
on Tuesday

7 *Ob „es Ihnen / dir passt“:*
this is conventional
this suits you
this is comfortable for you

8 *Etwas anderes vereinbaren:*
come to an agreement
find something else
arrange something else

9 *Der Schlusssatz:*
I am pleased to
Looking forward to
I hope to

10 *Die Grußformel:*
Yours sincerely
Regards
With best wishes

Textbausteine

Sich auf einen vorausgegangenen formellen Brief beziehen

As mentioned in my letter of... .	Wie in meinem Brief vom ... erwähnt, ...
With reference to my letter of... .	Bezüglich meines Briefes vom ... .
We refer to our letter of... .	Wir beziehen uns auf unseren Brief vom ... .

Ein Projekt oder Vorhaben ankündigen

I am due to / I am to... .	Ich habe vor / Ich muss ... .
I am planning to... .	Ich plane / Ich habe vor, ... zu ... .
I am likely to... .	Wahrscheinlich werde ich ... .
I hope to... .	Ich hoffe / Ich habe vor, ... zu ... .
I intend to... .	Ich habe vor, ... zu ... .
I am going to... .	Ich werde ... .

Auf etwas aufmerksam machen

You may be interested to know that... .	Vielleicht interessiert es Sie, dass ... .
You may be aware that... .	Es wird Ihnen nicht entgangen sein, dass ... .
It may have come to your attention that... .	Sie werden bemerkt haben, dass ... .
We are pleased to inform you that... .	Wir freuen uns Ihnen mitteilen zu können, dass ... .

Eine negative Vermutung äußern

formell:

Should this not be convenient (for you)... .	Sollte (Ihnen) das nicht möglich sein, ...
If you are unavailable at this time... .	Sollten Sie zu diesem Zeitpunkt verhindert sein, ...

weniger formell:

If this is not convenient / suitable for you... .	Wenn Ihnen das nicht möglich ist, ...
If this does not suit you... .	Wenn das Ihnen nicht gelegen ist, ...
If this does not fit in with your plans / schedule... .	Wenn es nicht in Ihren Zeitplan passt, ...

Eine Dienstleistung anbieten

I would be pleased to... .	Ich wäre erfreut, ...
I would be happy to...	Es würde mich freuen ...
I would gladly... .	Ich würde gern ... .

Um eine Bestätigung oder Antwort bitten

formell:

I would be much obliged if you would confirm... .	Ich wäre Ihnen sehr verbunden, wenn Sie ... bestätigen / beantworten könnten.
Would you kindly confirm / reply... ?	Würden Sie bitte freundlicherweise ... bestätigen / beantworten?
Please confirm whether / if... .	Bitte bestätigen Sie, ob ... .
Please inform me... .	Bitte teilen Sie mir mit ... .

informell:

Let me know whether / if... .	Lass / Lassen Sie mich wissen, ob ...
Please get back to me... .	Ich bitte um Rückmeldung.

Kontakte pflegen

formell:

Please do not hesitate / Don't hesitate to contact us should you have any further queries / require any further information.	Sollten Sie weitere Fragen haben / weitere Informationen benötigen, zögern Sie nicht, sich an uns zu wenden. *Oder:* Für weitere Auskünfte stehen wir Ihnen selbstverständlich jederzeit zur Verfügung.
We look forward to hearing from you.	Wir hoffen, bald wieder von Ihnen zu hören.

informell:

(I am) Looking forward to seeing you.	Ich freue mich darauf, dich / Sie zu sehen / zu treffen.
Feel free to contact me if you have any questions.	Melden Sie sich gerne, falls Sie noch Fragen haben.
I can't wait to see you.	Ich kann es kaum erwarten, dich zu sehen.

Anmerkungen

- In den Sätzen **I am planning to be in Montreal next week** und **I am travelling to China next month** bezieht sich das Präsens auf eine Handlung in der Zukunft.
- Merken Sie sich die Präpositionen: **ON Tuesday**, **AT 4 o'clock**.
- Bis auf ganz wenige Ausnahmen, z. B. für Abfahrts- und Ankunftszeiten im öffentlichen Verkehr oder in militärischen Bereichen, wird die Uhrzeit im Englischen immer nur im 12-Stundenrhythmus angegeben. Um Missverständnisse auszuschließen, wird der Uhrzeit von 0 bis 12 Uhr ein **am** (Lateinisch für „ante meridiem" = vor dem Mittag), von 12.01 bis 23.59 Uhr ein **pm** (Lateinisch für „post meridiem" = nach dem Mittag) hinzugefügt, z. B. **8 am** oder **3:30** pm. 12 Uhr ist **(12 o'clock) noon**, 24 Uhr heißt **(12 o'clock) midnight**.
- Beachten Sie den Bedeutungsunterschied zwischen den beiden abschließenden Sätzen:
  I look forward to our next meeting. (In einem Geschäftsbrief = „sich freuen auf" plus Substantiv.)
  (I am) LookING forward to seeING you again! (In einem persönlichen, emotionaleren Brief = „sich freuen auf" plus Verb plus -ING.)
- Unterscheiden Sie zwischen **if** und **whether**. Auch wenn sie oft die gleiche Bedeutung haben, so existiert doch in bestimmten Fällen ein feiner Unterschied:
  whether = ob (lässt eine Alternative offen), **if** = falls, ob (formuliert eine Bedingung).
- Beachten Sie auch, wie man sich auf das Datum eines Schreibens bezieht:
  my letter of 12th January
  my letter of January 12
  my letter dated January 12th
- Unterscheiden Sie die verschiedenen Arten, sich über zukünftige Handlungen und Ereignisse auszudrücken: **My flight *arrives* in London on Thursday at 6pm** (simple present für zukünftige Zustände und Fahr-/Flugpläne). **I *am going to be* in Brussels in the summer.** (going-to-future für konkrete Pläne, die eventuell noch bestätigt werden müssen, und Vorhersagen). **I *am travelling* to China next month** (present continuous für vereinbarte Termine oder feststehende Pläne). **When I am in New York next week, I *will call* Mike and discuss this issue with him.** (will-future für Versprechungen, spontane Entschlüsse und subjektive Vorhersagen,).

Sie sind dran!

Formell:

1 Vervollständigen Sie den folgenden Terminvorschlag für ein geschäftliches Treffen:

__________ reference __________ my letter __________ April 12th,
I am __________ in London next week. I would like to __________ the opportunity to present our new catalogue.
__________ I suggest 5th May __________ 3 pm? Should you be __________ on this date, you might like to propose an alternative arrangement.

2 Auch in dieser Anfrage für eine geschäftliche Verabredung fehlen noch Wörter:

I __________ to travel to Kent __________ 15th March and __________ to visit our factory in the region.
I hope to __________ pleasure __________ meeting you during my stay.
I __________ suggest 17th March __________ 5 o'clock at your office.
__________ confirm if you __________ available at this time and I __________ make the necessary arrangements.

Informell:

3 Füllen Sie die Lücken in nachstehendem Vorschlag für eine private Verabredung:

I am __________ to Somerset in June __________ the Flower Festival. I was __________ if we could meet somewhere __________ lunch.
__________ the Bull Inn on Friday the 12th __________ 2 pm?

4 Wie muss es in dieser privaten Mitteilung korrekt heißen?

I __________ to Dhaka next Monday. I have meetings all day but I __________ free in the evening. __________ you have time to meet? I __________ the Hilton Hotel __________ 7 pm in the lobby.

5 Sie möchten demnächst nach London fliegen. Informieren Sie Ihren Freund William über Ihre bevorstehende Reise. Teilen Sie ihm mit, dass Sie ihn gerne am Montag, dem 8. März, um 21 Uhr vor „Victoria Station" treffen würden, um gemeinsam etwas trinken zu gehen.

▶ Lösung auf Seite 163

3 Reservierungen bestätigen

Herr Müller erhält vom Hotel per E-Mail die Bestätigung seiner Zimmerreservierung.

Subject:	**Reservation**
Date:	Mi 05.02.20.... 08:23
From:	m.hunter@paradise-hotel.uk
To:	j.mueller@ luxiphon.de

1 ____________

2 ____________________ of 4th February 3 ____________ a single room with bath and shower, air conditioning, and a view of the gardens.

4 ____________ the accommodation you describe 5 ____________ you require, and 6 ____________ if you could 7 ____________ of £ 130 to our bank account 8 ____________ the reservation.

We 9 ____________ your stay with us.

10 ____________

____

Marion Hunter
Reservations Manager

▶ E-Mail 4: Lösung auf Seite 155

Rekonstruieren Sie den Antwortbrief des Hotels mit Hilfe folgender Elemente:

1 *Die Anrede:*
Dear Jens
Dear Mr Müller
Dear Sir / Madam

2 *Den Erhalt der E-Mail bestätigen:*
Thank you for your email
Thanks a lot for your email
We are in reception of your email

3 *Das Schreiben hatte ein bestimmtes Anliegen:*
requesting
demanding
asking for

4 *Welche ist die richtige Verbform?*
We have reserved
We would have reserved
We are reserving

5 *Welche ist die korrekte Präposition?*
for the period
on the period
at the period

6 *Wir „wären Ihnen dankbar":*
would be grateful
would recognise you
would be pleased

7 *Eine Anzahlung leisten:*
transfer a deposit
send a guarantee
enclose a fine

8 *(Die Reservierung) bestätigen:*
to confine
to restrict
to confirm

9 *„(Wir) freuen (uns) auf":*
look forward to
can't wait to
look after

10 *Die Grußformel:*
Yours faithfully
Yours sincerely
Best regards

Anmerkungen

- Das Hotel hätte auch einfach mit dem Satz **We are writing to confirm** antworten können: **Thank you for your letter of… . We are writing to confirm your reservation of a single room… .**

Eine Reservierung ablehnen

Das Hotel könnte in dieser Zeit natürlich auch schon belegt sein ... .

Dear Mr Müller

Thank you for your email of 4th February requesting a single room with shower, air conditioning, and a view of the gardens.

Unfortunately **1** ______________ for the period you require because of the International Fair for Event Technology. However, **2** ______________ an alternative hotel, which is also a member of the Palace chain of hotels.
3 ______________ you will find the hotel and the very pleasant surroundings
4 ______________, although the location on the outskirts of the city
5 ______________.
The address is:
Regency Hotel, 182 Brompton Road, Birmingham, tel. 1212467200.

We remain **6** ______________ for any future reservations you might wish to make.

Yours sincerely

Marion Hunter
Reservations Manager

▶ E-Mail 5: Lösung auf Seite 155

Im Falle eines negativen Bescheids vom Hotel wird der erste Absatz, in dem auf die Anfrage Bezug genommen wird, wahrscheinlich identisch sein. Vervollständigen Sie den zweiten Teil der E-Mail mit Hilfe folgender Begriffe:

1 *Mitteilen, dass das Hotel belegt ist:*
we are overbooked
we are fully booked
we are full

2 *Einen Vorschlag machen:*
may we suggest
we are happy to recommend
we propose

3 *Sich einer Sache sicher sein:*
no doubt
we are confident
we are certain

4 *Den Kunden zufrieden stellen:*
to your total satisfaction
quite satisfactory
not bad

5 *Eine kleine Unannehmlichkeit mitteilen:*
it is a disadvantage
it has the serious problem
may be slightly inconvenient

6 *„Zu Ihrer Verfügung“:*
at your disposition
at your convenience
at your service

Textbausteine

Den Eingang eines Briefes bestätigen

Thank you for your letter of... in which you request us to... .	Vielen Dank für Ihren Brief vom ..., in dem Sie uns bitten, ... zu ... .
In reply to your letter of... .	Als Antwort auf Ihren Brief vom ... .
With reference to your enquiry of... .	Bezüglich Ihrer Anfrage vom ... .

Eine Reservierung bestätigen

We are writing to confirm your telephone call this morning in which you requested us to book two business class seats on the next flight to Tokyo. The tickets and invoice are attached.	Hiermit bestätigen wir Ihren Anruf von heute Morgen, in dem Sie uns baten, zwei Business-Class-Plätze für den nächsten Flug nach Tokio zu buchen. Flugtickets und Rechnung sind im Anhang.
This is to confirm our telephone conversation of... in which I booked a double room and two single rooms for four nights in the name of Malcolm Hamilton. I have transferred the € 100 deposit to your bank account, as requested.	Hiermit bestätige ich unser Telefonat vom ..., in dem ich ein Doppel- und zwei Einzelzimmer für 4 Nächte auf den Namen Hamilton bestellt habe. Die Anzahlung in Höhe von € 100 habe ich wie gewünscht auf Ihr Bankkonto überwiesen.
I have reserved the accommodation you described for the week 5th - 12th January.	Ich habe die von Ihnen benannte Unterkunft für die Woche vom 5. bis 12. Januar gebucht.
We are writing to confirm availability of an estate car for the period 4th - 25th August. Please find enclosed our current rates and conditions of hire.	Hiermit bestätigen wir, dass für die Zeit vom 4. bis 25. August ein Kombiwagen verfügbar ist. Beiliegend finden Sie unsere aktuellen Tarife und Mietbedingungen.
We are pleased to confirm your reservation of a holiday villa from 1st - 30th June inclusive. We enclose a short description of how to reach the holiday complex.	Wir freuen uns, Ihre Reservierung einer Ferienvilla vom 1. bis 30. Juni bestätigen zu können. Wir fügen eine kurze Wegbeschreibung zu unserer Ferienanlage bei.

Eine Reservierung ablehnen

We regret to inform you that we are fully booked throughout the month of May.	Wir bedauern Ihnen mitteilen zu müssen, dass wir im gesamten Monat Mai ausgebucht sind.
We regret to inform you that we have no estate cars available for the weekend of 4th - 7th July.	Wir bedauern Ihnen mitteilen zu müssen, dass wir für das Wochenende vom 4. bis 7. Juli keine Kombiwagen mehr zur Verfügung haben.
Unfortunately there are no remaining seats for Saturday evening's performance of "The Tempest".	Leider sind am Samstag für die Abendaufführung von „The Tempest" keine Karten mehr übrig.
I am afraid there are no more places left for next weekend's trip to Amsterdam.	Leider sind für die Reise nach Amsterdam am nächsten Wochenende keine Plätze mehr frei.

Eine Alternative vorschlagen

May I suggest you contact the Sunrise Hotel (address below) who may be able to offer you suitable accommodation for the period you require?	Ich schlage Ihnen vor, sich an das Sunrise Hotel zu wenden (Adresse s. u.), das Ihnen vielleicht eine adäquate Unterkunft für die gewünschte Zeit anbieten kann.
We can, however, offer you five seats for the matinee on Saturday.	Wir können Ihnen jedoch fünf Plätze für die Nachmittagsvorstellung am Samstag anbieten.
May I suggest that in future you book at least one month in advance, as this is a very popular excursion?	Ich rate Ihnen, künftig mindestens einen Monat im Voraus zu buchen, da diese Rundfahrt sehr beliebt ist.
We suggest you contact one of the other branches in the area who may be able to help you.	Wir schlagen Ihnen vor, sich an eine andere Agentur in der Gegend zu wenden, die Ihnen möglicherweise weiterhelfen kann.

Anmerkungen

- Beachten Sie, dass zwischen **week** und dem Datum in der Regel kein „of" steht. Im Mündlichen wird allerdings „of" gesagt. Beispiel: „for the week 19th-25th February" wird gesprochen: „for the week **of the 19th to the 25th of February**".
- Vorsicht: Man sagt a **view OF** für „mit Blick auf", aber **a room WITH a view** für „ein Zimmer mit Aussicht".
- Hotels fragen oft nach genauen Angaben zur Kreditkarte wie beispielsweise **cardholder's name** (Name des Karteninhabers), **billing address** (Rechnungsadresse) und **expiry date** (Kartengültigkeit, Ablaufdatum).

Sie sind dran!

1 Wie muss der negative Bescheid per E-Mail endgültig lauten?

We ________________ to inform you ________________ there are no bicycles ________________ for the period you require. We ________________ you contact the Cambridge Bicycle Centre. They ________________ to help you.

2 Ergänzen Sie die folgende Reservierungsbestätigung per Brief:

I am writing ________________ your reservation ________________ three first class seats on Friday's flight ________________ Bangkok, arriving on 30th July. Please find enclosed your tickets and our invoice.

3 Hier wird in einer Mail die Reservierung einer Jacht bestätigt:

________________ for your email of 7th May. We are ________________ to confirm your reservation ________________ a yacht ________________ 4th June - 3rd July. Attached are our charges and our conditions of hire.

4 Vervollständigen Sie auch diese letzte Buchungsbestätigung per Mail:

With reference to ________________ telephone conversation on 13th April, we are pleased ________________ your reservation ________________ package tour to India ________________ two people.

▶ Lösung auf Seite 164

4 Termine bestätigen

Einen Terminvorschlag annehmen

Die beiden Personen, mit denen sich Herr Müller während seines Aufenthaltes in Birmingham treffen möchte, können den Termin wahrnehmen.

Subject: **Appointment**
Date: Th 13.02.20.... 09:56
From: a.johnson@electron.co.uk
To: j.mueller@luxiphon.de

1 ____________

2 ____________ for your email of 10th February.
3 ____________ that I 4 ____________ to see you 5 ____________
on Tuesday 18th 6 ____________.

7 ____________

Angela Johnson

____

Angela Johnson
Electron Ltd
25 St James Street
Birmingham B25 8HO
England
Telephone: +46 (0) 1270 4343
Fax: +46 (0) 1270 4350
Email: a.johnson@electron.co.uk

▶ E-Mail 6: Lösung auf Seite 155

Rekonstruieren Sie Frau Johnsons Zusage mit Hilfe folgender Wendungen:

1 *Die Anrede:*
Dear Mr Müller
Dear Sir / Madam
Dear Jens

2 *Sich bedanken:*
Thanks a lot
Thank you
I am most grateful

3 *Bestätigen:*
I would like to confirm
I agree
I give confirmation

4 *Zur Verfügung stehen:*
will be available
am ready
will be disposable

5 *Welche Präposition ist richtig?*
on my office
at my office
in my office

6 *Die Uhrzeit bestätigen:*
at the hour you suggest
any time you like
at the time you propose

7 *Die Grußformel:*
Yours sincerely
Regards
Yours faithfully

Einen Termin verschieben

Wie würde Frau Johnson die E-Mail formulieren, falls sie den Termin verschieben müsste?

Dear Mr Müller

With reference to your email of 10th February, 1 ________________ to inform you that 2 ________________ meet you on Tuesday 18th February 3 ________________ a company meeting. However, 4 ________________ we 5 ________________ to the following day 6 ________________?

I look forward to 7 ________________.

Yours sincerely

Angela Johnson

▶ E-Mail 7: Lösung auf Seite 155

1 *Bedauern ausdrücken:*
I am regretful
I regret
sorry

2 *Nicht zur Verfügung stehen:*
I will not be disposed to
I will not be available to
I cannot

3 *„Wegen":*
due to
due at
due of

4 *Einen Vorschlag machen:*
it is my suggestion
may I suggest
it is suggested.

5 *Einen Termin verschieben:*
adjourn the meeting
postpone the appointment
put off the interview

6 *Welche Präposition ist richtig?*
on the same time
at the same time
in the same time

7 *Umgehende Antwort erhalten:*
receiving an early confirmation
receiving a reply quickly
your rapid response

Vergleichen Sie Frau Johnsons Antwort mit der von George, die in einem ganz anderen Stil gehalten ist:

Dear Jens

Thanks a lot for your email. It would be lovely to see you when you come over to Birmingham next week. The White Horse Inn sounds an excellent idea. Tuesday at 8 is fine by me. I've invited some friends to come along too.

Best wishes
George

Textbausteine

Sich auf einen vorausgegangenen Brief oder eine E-Mail beziehen
formell:

Thank you for your email of... .	Vielen Dank für Ihre E-Mail vom ... .
With reference to your letter of... .	Wir beziehen uns auf Ihren Brief vom ... .

informell:

Thanks a lot for your email.	Danke für deine Mail.

Einen Termin bestätigen

formell:

I would like to confirm (that I will be available to see you / have dinner with you / meet you).	Ich möchte gerne bestätigen, (dass ich für einen Termin mit Ihnen / für ein Abendessen mit Ihnen / für ein Treffen mit Ihnen zur Verfügung stehe).
I would like to confirm our web conference / online meeting / our appointment.	Ich möchte unsere Webkonferenz / Online-Besprechung / unseren Termin (hiermit) bestätigen.
This is to confirm the appointment we made on... .	Hiermit bestätige ich den Termin, den wir am ... festgelegt hatten.

informell:

Monday at 3 is fine by me.	Montag um 3 (Uhr) passt mir.
That is an excellent idea.	Das klingt gut / Das ist eine gute Idee.
It would be lovely to see you.	Es wäre schön dich (wieder)zusehen.
It would be great to catch up.	Es wäre klasse, mal wieder zu klatschen.

Einen Termin verlegen

formell:

I regret to inform you that... .	Ich bedaure Ihnen mitteilen zu müssen, dass ... .
I am unavailable on that day; I suggest we postpone the meeting to the following week.	An dem (fraglichen) Tag habe ich keine Zeit. Ich schlage vor, das Treffen auf die darauf folgende Woche zu verlegen.
I will be pleased to meet you on Tuesday, but I would prefer to reschedule the appointment to later in the day.	Ich freue mich darauf, Sie am Dienstag zu treffen. Allerdings wäre es mir lieber, den Termin auf eine spätere Uhrzeit (an diesem Tag) zu verlegen.
I wonder if I might ask you to postpone the video conference to 4 o'clock on the same afternoon.	Dürfte ich Sie bitten, unsere Videokonferenz auf 4 Uhr am selben Nachmittag zu verlegen?
I am afraid that I will have to change the date of our meeting, due to a problem with... .	Leider muss ich den Termin unseres Treffens wegen eines Problems mit ... verlegen.
Unfortunately, I will be out of the country for two weeks; may I suggest I get in touch with you on my return to arrange another appointment?	Leider werde ich für zwei Wochen außer Landes sein und möchte deshalb vorschlagen, dass ich mich nach meiner Rückkehr wegen eines neuen Termins bei Ihnen melde.
I apologize for the inconvenience.	Für etwaige Ungelegenheiten möchte ich mich entschuldigen.

informell:

Sorry, but I am busy on that day. How about the week after?	Tut mir leid, aber an dem Tag habe ich keine Zeit. Wie wär's denn die Woche darauf?
I'm afraid I can't make it then. How about ... ?	Leider geht das bei mir nicht. Wie wäre es mit ... ?

Einen Termin absagen

formell:

Much to my regret, I will have to cancel our forthcoming meeting owing to a problem which has arisen in our Leipzig office.	Zu meinem (größten) Bedauern muss ich unser geplantes Treffen absagen, da in unserem Leipziger Büro ein Problem aufgetreten ist.
Unfortunately I will not be able to keep the appointment I made for Tuesday 5th January, owing to... .	Leider werde ich wegen ... nicht in der Lage sein, den Termin einzuhalten, den ich für Dienstag, den 5. Januar, vereinbart habe.
I apologize for the inconvenience this must cause you.	Ich entschuldige mich für die Unannehmlichkeiten, die Ihnen hierdurch entstehen.

informell:

I'm afraid I won't be able to come, as I have something else on.	Leider werde ich nicht kommen können, da ich etwas anderes vorhabe.
I'm afraid I won't be able to make it after all.	Ich fürchte, ich werde es doch nicht schaffen.
Sorry, but I will have to cancel lunch on Thursday as I have an important meeting.	(Es) Tut mir leid, aber wegen eines wichtigen Termins muss ich das Mittagessen am Donnerstag absagen.

! Anmerkungen

- Beachten Sie den Gebrauch des Präsens, um über eine Handlung in der Zukunft zu sprechen: **I am unavailable on that day.**
- Eine Begründung muss nicht immer mit **BECAUSE** formuliert werden; einfacher ist es oft, **OWING TO** + Substantiv, **AS** + Aussagesatz oder **DUE TO** + Substantiv zu benutzen:
  owing to a meeting = wegen eines Termins
  as I have a meeting = da ich einen Termin habe
  due to a meeting = aufgrund / wegen eines Termins
- Merken Sie sich die Präpositionen in folgenden Wendungen:
  Tuesday is fine BY me: Dienstag passt mir
  Much TO my regret: Zu meinem (größten) Bedauern

- Inzwischen ist die Schreibung **apologise** (sich entschuldigen) mit einem s in der Endung eher veraltet. International wird **apologize** geschrieben. Ebenso: **realize** (bemerken, sich bewusst werden) , **summarize** (zusammenfassen). Dagegen schreibt man nur: **advertise** (Werbung machen), **advise** (beraten).

Sie sind dran!

1 Vervollständigen Sie diese Absage einer privaten Verabredung:

I'm ____________ I won't be able to make it ____________ the theatre on Friday as I have ____________ on.

2 Formulieren Sie die folgende Bestätigung eines geschäftlichen Termins aus:

With reference to your email ____________ 6th March, I ____________ to confirm that I will be ____________ to meet you ____________ 20th May to discuss a possible partnership.

3 Hier muss eine Besprechung abgesagt werden:

Much ____________ I will have to cancel our ____________ meeting, ____________ a sudden illness. I ____________ for any ____________ caused, and I will contact you as soon as possible to ____________ another meeting.

4 Hier wird um eine Terminverlegung gebeten. Ergänzen Sie:

In reply to your email ____________ 20th January, I would ____________ pleased to meet you ____________ Friday, but ____________ prefer to reschedule the appointment to later in the afternoon.

5 Sie schreiben einem Freund, um das für kommenden Donnerstag geplante Frühstück abzusagen, da Sie auf eine Geschäftsreise gehen müssen. Sie entschuldigen sich und schlagen vor, das Frühstück auf den darauffolgenden Dienstag zu verlegen.

▶ Lösung auf Seite 164

5 Informationen einholen

Unterlagen anfordern

Die Messe für Eventtechnik brachte hervorragende Ergebnisse. Herr Müller bekommt zahlreiche Anfragen von interessierten Kundinnen und Kunden, die Unterlagen und genauere Angaben zu Luxiphon-Produkten anfordern.

7 Banbury Avenue • Sidney 2000 / Australia
Telephone: (+61) 2 / 12 09 33 33 • Fax: (+61) 2 / 12 09 33 20
Email: info@matthews-son.com • www.matthews-son.com

Matthews & Sons

The Sales Manager
Luxiphon
Magdeburger Str. 250
10785 Berlin
Germany

2nd March 20...

Ref: HP / RW

1 ______________

2 ______________ your stand at the recent International Fair for Event Technology in Birmingham, 3 ______________ that you produce some very innovative designs of microphones.
4 ______________ quality electrical and event equipment, and feel
5 ______________ here for your type of product.
6 ______________ further details of your headset models,
7 ______________ 8 ______________ of your current catalogue showing prices and technical features if possible?
9 ______________ an early reply.

Yours faithfully

Harold Percy

Harold Percy
General Manager

▶ Brief 8: Lösung auf Seite 156

Rekonstruieren Sie den Brief eines Interessenten mit Hilfe nachstehender Ausdrücke:

1 *Die Anrede:*
Dear Sir
Dear Jens
Dear Mr Müller

2 *Welche ist die richtige Verbform?*
Having visited
I was visiting
I will visit

3 *Interesse zeigen:*
I was amazed
I was interested to see
I was delighted to know

4 *Die Firma und ihre Produkte vorstellen:*
We are importers of
We are a supplier of
I am a supply company of

5 *Einen expandierenden Markt beschreiben:*
there are good facilities
there is a promising market
there is big demand

6 *Etwas anfordern:*
We want
Could you please send
Thank you for sending

7 *„Sowohl ... als auch":*
as well as
in addition to
and also

8 *„Ein Exemplar" (eines Katalogs):*
an example
a selection
a copy

9 *„Wir freuen uns auf / In Erwartung":*
Thanks for
We hope for
We look forward to

Anmerkungen

- Das Wort **innovative** (innovativ) wird im Englischen beim Sprechen meist auf der ersten Silbe betont, nie auf der letzten Silbe.

Sonderwünsche äußern

Herr Müller erhält auch einen ungewöhnlichen Brief: Ein australischer Fachmann für Tierdressur möchte wissen, ob Luxiphon Halsband-Mikrofone für Hunde herstellt und ob es darüber hinaus möglich ist, die Halsbänder mit LED-Lampen auszustatten ...

Dear Sir

1 ____________ the recent Fair in Birmingham, 2 ____________ your company's original designs and variety of models.

3 ____________ collar microphone for dogs.
4 ____________, 5 ____________ it would be possible for your company to customise them with several small LEDs embedded in the collar.

6 ____________, please inform my secretary at the above address as soon as possible, so that we can proceed with the appropriate arrangements.

Yours faithfully

Oliver Williams

▶ Brief 9: Lösung auf Seite 156

Vervollständigen Sie mit Hilfe folgender Elemente den Brief des Tiertrainers:

1 *Sich auf einen vorhergehenden Kontakt beziehen:*
We met at
While visiting your stand at
Having talked to you at

2 *Interesse zeigen:*
I was overwhelmed by
I was very impressed with
I liked the green model best of

3 *Sich nach der Herstellung eines Produkts erkundigen:*
Do you do
I would like information on
I would be interested to know whether you produce

4 *„Darüber hinaus":*
Furthermore
However
On the other hand

5 *Eine Auskunft einholen:*
I wanted to enquire whether
tell me whether
I want to know if

6 *„Sollten Sie unseren Wünschen nachkommen können":*
If you can do what I want
Should you be able to satisfy these requirements
If this is OK by you

Textbausteine

Auf erste Kontakte oder Werbeanzeigen Bezug nehmen

Having recently attended... .	Da ich kürzlich an ... teilgenommen habe, ... Nachdem ich kürzlich an ... teilgenommen hatte, ...
After having visited... .	Nachdem ich ... besucht hatte, ...
While visiting... recently... .	Während ich vor kurzem ... besuchte, ...
I recently visited... .	Kürzlich besuchte ich ... .
I am writing to ask for details on... as advertised in "The Times" on Tuesday 26th August.	Bitte schicken Sie mir detaillierte Angaben über ..., wie in Ihrer Anzeige in „The Times" vom Dienstag, dem 26. August beschrieben.
I was given your name by Mr... .	Herr ... nannte mir Ihren Namen.

Interesse an etwas Bestimmtem äußern

I was very impressed with... .	Ich war sehr beeindruckt von ... .
I greatly admire... .	Ich bewundere ... sehr.
I was interested to see / hear / know that... .	Es interessierte mich zu sehen / hören / erfahren, dass ... .
We are interested in... .	Wir sind an ... interessiert.
We are looking for potential suppliers of... .	Wir suchen nach möglichen / potenziellen Lieferanten für ... .

Einen potenziellen Markt aufzeigen

There are good opportunities for this product.	Dieses Produkt hat gute Perspektiven.
There is a promising market for... .	Für ... existiert ein vielversprechender Markt.
There is a good potential market for... .	... ist sehr entwicklungsfähig.
There is much demand for... .	Es herrscht große Nachfrage nach ... .
There is a brisk trade in... .	(Auf dem Gebiet von) ... existiert ein lebhafter Handel.
More and more of our regular customers are showing an interest in this type of product.	Eine ständig wachsende Zahl unserer Stammkunden zeigt ihr Interesse an diesem Produkt(typ).

Unterlagen, Informationen usw. anfordern

We would be grateful for... .	Wir wären für ... dankbar.
Would you kindly send... ?	Würden Sie (uns) freundlicherweise ... schicken?
Could you please send... ?	Könnten Sie (uns) bitte ... schicken?
We would like... .	Wir hätten gern ... .
some information about / on / of...	Informationen über ...
a quotation for...	einen Kostenvoranschlag über ...
some documentation on...	Unterlagen über ...
further details about / on / of...	weitere Informationen über ...
samples of...	Muster / Proben von ... (*oder:* -muster / -proben)
prices for...	die Preise für ...

Auskünfte einholen

I would be interested to know whether... or... .	Ich wüsste gern, ob ... oder ... .
I would like to enquire if / whether... .	Ich möchte nachfragen, ob ... .
Could you tell me if... ?	Könnten Sie mir sagen, ob ... ?

Den Inhalt der Unterlagen genau angeben

a catalogue	ein Katalog
a leaflet	eine Broschüre
a quotation	ein Kostenvoranschlag
an estimate	eine Schätzung
with prices	mit Preisen
including pictures and samples	mit Abbildungen und Mustern
showing prices and colour ranges	mit Preisen und Farbskalen
with an indication of prices	mit Preisangabe

Fracht- und Versicherungskosten erfragen

We would be grateful if you would quote us your lowest rate for the despatch of... from Berlin to New York by air.	Wir wären dankbar, wenn Sie uns Ihre niedrigsten Luftfrachtkosten für ... von Berlin nach New York nennen könnten.
Could you please quote charges for shipment and insurance of a consignment of books measuring 2m by 1m and weighing 200 kilos?	Könnten Sie uns bitte die Kosten für Verschiffung / Transport und Versicherung einer Büchersendung mit den Maßen 2 x 1 m und einem Gewicht von 200 kg geben?

Please let us know the current freight rate for air / sea / rail / road transport.	Bitte nennen Sie uns die derzeitigen Kosten für Luft- / See- / Schienen- / Straßenfracht.

Zusätzlich um etwas bitten

Furthermore, I would like... .	Darüber hinaus hätte ich gern ... .
In addition, I would like... .	Zusätzlich hätte ich gern ... .
I would also like... .	Ich hätte außerdem gern ... .
Besides the microphones, I would like... .	Außer den Mikrofonen hätte ich gern ... .
as well as a catalogue...	neben einem Katalog ...
together with...	zusammen mit ...
in addition to...	zusätzlich zu ...

Nach Zusatzleistungen fragen

I wanted to enquire whether your company could... .	Ich hätte gern gewusst, ob Ihre Firma ... könnte.
Would it be possible for your company to... ?	Wäre es Ihrer Firma möglich, ... ?
Could your company / Would your company be able to... ?	Könnte / Wäre Ihre Firma in der Lage ... ?

Anforderungen oder Wünschen entsprechen

satisfy these requirements	diesen Anforderungen entsprechen
fulfil these requirements	diese Anforderungen erfüllen
cater to our needs	unsere Bedürfnisse befriedigen

Um eine Antwort bitten

Please inform my secretary... .	Bitte informieren Sie meine Sekretärin ... .
Please get in touch with... .	Bitte nehmen Sie mit ... Kontakt auf.
Please contact... .	Bitte kontaktieren Sie ... .
We look forward to an early reply.	Wir freuen uns auf Ihre baldige Antwort.
We look forward to receiving your catalogue / quotation as soon as possible.	Wir freuen uns auf die schnellstmögliche Zusendung Ihres Katalogs / Kostenvoranschlags.
Please reply as soon as possible / without delay.	Bitte antworten Sie so schnell wie möglich / umgehend.
Please send your reply to... .	Bitte senden Sie Ihr Antwortschreiben an ... .

Schlussformeln

Please do not hesitate to contact us.	Bitte zögern Sie nicht, sich mit uns in Verbindung zu setzen.
Please do not hesitate to let us know if we can be of any further help / assistance.	Bitte zögern Sie nicht uns mitzuteilen, ob wir Ihnen weiterhelfen können.
(We) thank you in advance for any information you can provide.	Wir danken Ihnen im Voraus für alle Informationen, die Sie uns zur Verfügung stellen können.

Anmerkungen

- Beachten Sie: **SHOULD you be able to satisfy...** (sollten Sie in der Lage sein, ... zu erfüllen) ist bei weitem höflicher als „IF you ARE able to satisfy" (wenn Sie ... erfüllen können).
- Beachten Sie folgende Präpositionen:
  to be impressed WITH: beeindruckt sein von
  to place an order FOR: eine Bestellung / einen Auftrag erteilen für / über
  AS well AS: sowohl ... als auch
  in addition TO: zusätzlich zu
- **Besides** (neben / außer) wird am Satzanfang benutzt:
  Besides the catalogue, I would like a number of samples.
- **To inquire** (sich erkundigen, fragen) wird allgemein verwendet; in Großbritannien kann diese Schreibweise auch im Zusammenhang mit einer gerichtlichen Untersuchung benutzt werden. Dagegen bedeutet **to enquire** in Großbritannien immer *sich erkundigen*.

Sie sind dran!

1 **Hier werden nicht nur Informationen angefordert, sondern wird auch gleich eine Bestellung aufgegeben. Füllen Sie die Lücken.**

While ____________ your factory, ____________ very impressed with your manufacturing procedures. ____________ be interested to know ____________ you produce smaller sizes of model number 2. I would like to ____________ 500 pairs ____________ sunglasses, model no. 546. ____________ satisfy these requirements, please ____________ secretary at the ____________ address.

2 Vervollständigen Sie diese förmliche Bitte um ausführliche Informationen:

Having ______________ your stand ______________ the trade fair, I would ______________ details about your cookware set in black retro style. Please ______________ me ______________ my office under this number.

3 Steigen Sie in den Teehandel ein und ergänzen Sie diese Anfrage:

We are wholesalers in the tea trade, and we ______________ some information ______________ the types of tea you produce. Would you ______________ send ______________ your latest catalogue ______________ prices, as well as a selection of samples?

4 Die folgende Annonce weckt Ihr Interesse. Fordern Sie Unterlagen und Muster an:

WE MANUFACTURE

EXQUISITE COUNTRY PERFUMES

MADE EXCLUSIVELY FROM

NATURAL INGREDIENTS.

CONTACT US

FOR A FREE CATALOGUE AND SAMPLES.

▶ Lösung auf Seite 164

6 Bestellungen aufgeben

Einige Kunden geben Bestellungen für besondere Mikrofone auf, nachdem sie von Herrn Müller Kostenvoranschläge erhalten haben.

TELEWARES
55 Hampton Road
Guildford
Surrey PQ55 6TO
England

Telephone: +44 (1483) 22 33 10
Fax: +44 (1483) 22 33 15
Email: mail@telewares.co.uk
www.telewares.co.uk

Mr J Müller
Sales Department
Luxiphon
Magdeburger Str. 250
10785 Berlin

6th March 20...

1 ____________

2 ____________ of March 1st. We are pleased to
3 ____________ with you for the following:

QUANTITY	NAME	MODEL	COLOUR	PRICE PER PIECE
5	Retro	R. 234	Silver	£526.85
15	Princess	P.52	Nude	£157.63
3	Duo	D.07	Brown	£167.45

4 ____________ this order by returning the duplicate to us,
5 ____________ .

6 ____________

P. Cunningham

P Cunningham
Buyer

▶ Brief 10: Lösung auf Seite 156

Vervollständigen Sie mit Hilfe folgender Begriffe die Bestellung:

1 *Die Anrede:*
Dear Jens
Dear Sir / Madam
Dear Mr Müller

2 *Den Erhalt des Kostenvoranschlags bestätigen:*
Thanks a lot for your quotation
Thank you for your quotation
Thankfully, we received your quotation

3 *„Eine Bestellung aufgeben":*
give an order
place an order
order

4 *Um eine Auftragsbestätigung bitten:*
Please acknowledge
We would be grateful for your acknowledgement
You will have acknowledged

5 *„ordnungsgemäß unterzeichnet":*
as signed
to be signed
duly signed

6 *Die Grußformel:*
Yours sincerely
With best wishes
Yours faithfully

Textbausteine

Den Eingang bestätigen

Thank you for your letter / your quotation of... .	Vielen Dank für Ihren Brief / Kostenvoranschlag vom ... .
With reference to your letter / quotation of... .	Wir beziehen uns auf Ihren Brief / Kostenvoranschlag vom ... .

Eine Bestellung aufgeben / ordern

to order	bestellen, ordern
to place an order	eine Bestellung aufgeben
We are pleased to place an order with you for... .	Wir möchten bei Ihnen gern eine Bestellung über ... aufgeben.
Please send us the following goods.	Bitte schicken / senden Sie uns folgende Waren.
Please supply us with... .	Bitte schicken Sie uns / beliefern Sie uns mit ... .
We would like to place an order for... .	Wir möchten eine Bestellung für / über ... aufgeben.
With reference to your quotation, we enclose our order for... .	Wir beziehen uns auf Ihren Kostenvoranschlag und fügen unsere Bestellung über ... bei.

Den Liefertermin genau nennen

We would be grateful for delivery by... *(date)*.	Für eine Lieferung bis zum ... *(Datum)* wären wir dankbar.
Please confirm that you can supply these goods by the required date.	Bitte bestätigen Sie, dass Sie die Waren bis zum gewünschten Termin liefern können.
We enclose our order for immediate delivery.	Wir fügen unsere Bestellung bei und bitten um umgehende Lieferung.
... delivery by... *(date)* at the latest	... Lieferung bis spätestens ... *(Datum)*

Der Bestellschein / Das Bestellformular

order number / order no.	Bestellnummer / Bestell-Nr.
Please write in block letters.	Bitte in Blockschrift schreiben.
Please send this order form together with your remittance to... .	Bitte schicken Sie diesen Bestellschein zusammen mit Ihrer Überweisung an... .
A copy of the invoice should be included in the package.	Eine Rechnungskopie sollte dem Paket beiliegen.
Please quote the reference / invoice (etc.) number on all correspondence.	Bitte geben Sie die Auftrags- / Rechnungsnummer (etc.) in allen Ihren Schreiben an.

Um eine Auftragsbestätigung bitten

Please acknowledge this order by return of post.	Bitte bestätigen Sie diesen Auftrag möglichst umgehend.
Please confirm receipt of this order.	Bitte bestätigen Sie den Erhalt dieser Bestellung.
Please sign the duplicate of this order and return it to us as a confirmation.	Bitte unterschreiben Sie das Doppel dieser Bestellung und schicken Sie es uns als Bestätigung zurück.

Ein Angebot ablehnen

The samples sent lead us to believe your products are not of the standard we require.	Die zugeschickten Muster lassen uns annehmen, dass Ihre Produkte nicht dem Standard entsprechen, den wir erwarten.
We feel that your products do not meet our requirements and we shall therefore not be placing an order for them.	Wir glauben, dass Ihre Produkte nicht den (gängigen) Anforderungen entsprechen, und werden deshalb von einer Bestellung absehen.
I am afraid your products do not have the technical specifications required for sale in this country.	Ich fürchte, Ihre Produkte weisen nicht die technische Qualität auf, die bei einem Verkauf in diesem Land gefordert wird.
I am afraid your prices are not competitive enough. We have therefore decided not to place an order with you.	Ich fürchte, Ihre Preise sind nicht wettbewerbsfähig / konkurrenzfähig. Wir werden deshalb von einer Bestellung absehen.

An eine fällige Lieferung erinnern

Re our order no.	Bezüglich unserer Bestellung Nr. ... .
We wish to remind you that our order no. ... has not yet been delivered.	Wir möchten (Sie) daran erinnern, dass unsere Bestellung Nr. ... noch nicht geliefert wurde.
As we have not yet received... .	Da wir ... noch nicht erhalten haben, ...
Please inform us ... (date) as to the expected date of delivery.	Bitte teilen Sie uns bis (Datum) den voraussichtlichen Liefertermin mit.
Please give this matter your immediate attention.	Bitte erledigen Sie diese Angelegenheit umgehend.

Eine Bestellung abändern oder stornieren

Should any items be out of stock, please submit a quotation for a substitute.	Sollten einzelne Teile nicht auf Lager sein, schicken Sie bitte einen Kostenvoranschlag für einen vergleichbaren Artikel.
We would like to cancel our order no. ... owing to... .	Wir möchten unsere Bestellung Nr. ... stornieren, weil ... .

Anmerkungen

- Beachten Sie den Gebrauch der verschiedenen Präpositionen: **thank you FOR / your quotation OF** (+ Datum) / **we have pleasure IN / we are pleased TO**.
- Verben, die auf die Präpositionen **IN** und **BY** folgen, hängen die Endung **-ing** an: **pleasure IN placING, acknowledge BY returnING**...
- Vergessen Sie nicht, dass „eine Bestellung BEI jemandem aufgeben" im Englischen so ausgedrückt wird: **to place an order WITH someone**.
- **Delivery by June 5th at the latest**: **At the latest** *bedeutet* „spätestens" und betont die Deadline.

Sie sind dran!

1 Bestellen Sie die 38 großen Kaffeetassen korrekt:

I ________ 38 large coffee mugs for delivery ________ 23rd December at ________. ________ this order by return of post.

2 Vervollständigen Sie die Bestellung gemäß Kostenvoranschlag:

________ your quotation ________ 6th November.
We ________ pleased ________ an order ________ you for the ________ items. Please ________ that you can supply the goods ________ the end of the month.

3 Und nun vervollständigen Sie die Ablehnung des Angebots:

Thank you ________ your quotation. We feel however that your ________ do not meet our ________. We shall therefore not ________ an order with you.

4 Füllen Sie die Lücken auch dieser Bestellung aus:

We have pleasure in placing ________ 500 USB sticks and 300 in-ear headphones for ________ delivery. Please sign the ________ of this order and return it to us as an acknowledgement.

5 Geben Sie eine Bestellung über 20 Paar Schuhe, Modell „Aschenputtel" (Cinderella), Größe 38 (5) auf. Bitten Sie um eine umgehende Lieferung.

▶ Lösung auf Seite 165

7 Bestellungen beantworten

Einen Auftrag bestätigen

Herr Müller schreibt mehrere Auftragsbestätigungen. Meistens bestätigt er, dass die Bestellung zum vereinbarten Termin ausgeführt werden kann. Manchmal muss er dem Kunden jedoch mitteilen, dass ein Modell nicht vorrätig ist.

Subject: **Your order dated 6th March**
Date: Th 11.03.20.... 13:11
From: j.mueller@luxiphon.de
To: pete.cunningham@telewares.uk

1 ____________

Thank you for 2 ____________ 6th March. 3 ____________,
4 ____________ the duplicate 5 ____________ in acknowledgement of your order.
Our dispatch department 6 ____________ your order and will inform you when
7 ____________ is 8 ____________.

9 ____________ for your custom and 10 ____________ being of service to you again in the near future.

Yours sincerely

J Müller

___

Jens Müller
Sales Manager
Tel: +49 (0)30 33 44 5507
Fax: +49 (0)30 33 44 5587
Email: j.mueller@luxiphon.de

▶ Brief 11: Lösung auf Seite 156

Gestalten Sie mit Hilfe folgender Elemente eine Auftragsbestätigung:

1 *Die Anrede:*
To whom it may concern
Dear Sir
Dear Mr Cunningham

2 *„Ihre Bestellung / Ihr Auftrag Nr. 67 vom":*
your command no. 67 of
your order no. 67 dated
your demand no. 67 from

3 *„wie gewünscht":*
As you ask
As requested
As you wish

4 *„wir fügen bei":*
we include
we add
we attach

5 *„ordnungsgemäß unterzeichnet":*
correctly signed
duly signed
signed as required

6 *Die Versandabteilung „bearbeitet nun":*
is currently processing
is responsible for
has disposed of

7 *„Die Lieferung":*
the sending
the consignment
the expedition

8 *„versandfertig":*
OK to be sent
ready for delivery
on the ship

9 *Sich bedanken:*
I am extremely grateful
We thank you
Thanks a lot

10 *Sich auf etwas freuen:*
can't wait for
are very eager for
look forward to

Textbausteine

Einen Auftrag bestätigen

We are in receipt of your order no. 122.	Wir bestätigen den Erhalt Ihrer Bestellung Nr. 122.
Thank you for your order.	Vielen Dank für Ihre Bestellung.
We enclose the duplicate duly signed in acknowledgement of your order.	Wir fügen das ordnungsgemäß unterzeichnete Doppel zur Bestätigung Ihrer Bestellung bei.
We are pleased to acknowledge your order.	Wir freuen uns Ihre Bestellung (hiermit) bestätigen zu können.

Die Ausführung einer Bestellung bestätigen

We have pleasure in confirming that... .	Wir freuen uns Ihnen bestätigen zu können, dass ... .
Your order is already being dealt with.	Ihre Bestellung wird schon bearbeitet.

We have noted / recorded your order for... *(goods).*	Wir haben Ihre Bestellung über ... *(Waren)* aufgenommen / notiert.
Our dispatch department is processing your order.	Unsere Versandabteilung bearbeitet Ihre Bestellung.

Einen Liefertermin bestätigen

Delivery will be made by... *(date)* as requested.	Die Lieferung wird wunschgemäß bis ... *(Datum)* erfolgen.
Delivery will be made in accordance with / according to your instructions.	Die Auslieferung wird Ihren Anweisungen gemäß erfolgen.
We confirm that we are able to deliver before the end of the month.	Wir bestätigen, dass wir vor Monatsende liefern können.
The goods ordered are available for immediate delivery.	Die bestellten Waren können sofort geliefert werden.
We will inform you when the consignment is ready for delivery.	Wir werden Sie informieren, sobald die Lieferung versandfertig ist.

Eine Verzögerung ankündigen

We would like to inform you / Please note that your order only reached us on... .	Wir möchten Ihnen mitteilen / Bitte beachten Sie, dass uns Ihre Bestellung erst am ... erreicht hat.
We will require... days / weeks to process this order.	Wir werden ... Tage / Wochen benötigen, um diese Bestellung zu bearbeiten.
Owing to an unfortunate delay, I regret to inform you that delivery can only be made from... onwards / in a week's time.	Wegen einer bedauerlichen Verzögerung muss ich Ihnen leider mitteilen, dass die Lieferung erst ab dem ... / in einer Woche erfolgen kann.
Delivery has been delayed by... .	Die Auslieferung hat sich um .... verzögert.

Schwierigkeiten einräumen

We regret to inform you that the goods / items ordered are out of stock / no longer in stock / no longer available.	Es tut uns leid, Ihnen mitteilen zu müssen, dass die bestellten Waren / Teile nicht vorrätig / nicht mehr vorrätig / nicht mehr erhältlich sind.
Unfortunately...	Bedauerlicherweise / Leider ...
I am afraid your order has been lost / has gone missing.	Ich fürchte, Ihre Bestellung kann nicht aufgefunden werden / ist verloren gegangen.
Could you possibly send us a duplicate / a copy of your order?	Könnten Sie uns möglicherweise ein Doppel / eine Kopie Ihrer Bestellung schicken?

Ersatz anbieten

We can, however, offer you a substitute.	Wir können Ihnen jedoch einen Ersatz anbieten.
Our model no. 5 is very similar / of similar quality.	Unser Modell Nr. 5 ist sehr ähnlich / hat die gleiche Qualität.

Anmerkungen

- Beachten Sie, dass die verschiedenen Abteilungen einer Firma **department** genannt werden, so z. B.: **the Sales Department** (Vertrieb / Verkaufsabteilung).
- Merken Sie sich **to be of service to you**: Ihnen behilflich sein.
- Beachten Sie das Fehlen des Artikels in der Wendung **delivery will be made by 3rd June**: DIE Lieferung erfolgt bis (spätestens) 3. Juni.
- Lassen Sie sich nicht verwirren: **to dispatch** = **to despatch**.

Sie sind dran!

1 Vervollständigen Sie die Auftragsbestätigung:

We ______________ to acknowledge your order no. 70 ______________ 5th January. We ______________ that delivery will ______________ by 15th January.

2 Antworten Sie auf folgendes Fax:

Re our order no. 56 please acknowledge receipt and confirm delivery by 19th May.

3 Füllen Sie die Lücken und kündigen Sie die Auslieferung für die kommende Woche an:

______________ for your order no. 45. As requested we ______________ the copy, ______ __________ signed ______________ acknowledgement. Your order is already ________ ____________ and will be ready for delivery ______________ next week.

4 Bestätigen Sie den Auftrag mit der Nummer 95-SP8, aber teilen Sie dem Kunden mit, dass die Ware nicht vorrätig ist und dass sich die Auslieferung deshalb um drei Wochen verzögert.

▶ Lösung auf Seite 165

8 Kostenvoranschläge

Herr Müller beantwortet eine Anfrage bezüglich eines Kostenvoranschlags für verschiedene Mikrofonmodelle.

LUXIPHON Magdeburger Straße 250 · 10785 Berlin · Tel. 030-33 44 5500 · Fax 030-33 44 5587
mail@luxiphon.de · www.luxiphon.com

Boulton Manufacturing Ltd
45 Beech Road
Broughton
Somerset

Jens Müller
Tel: +49 (0)30 33 44 5507
Fax: +49 (0)30 33 44 5587
Email: j.mueller@luxiphon.de

Your ref: 250MS / DK
Our ref: JM / RW

11th April 20...

Dear Mr Stewart

1 ____________ your email of 9th April, 2 ____________ a detailed quotation for the models of microphones specified. In addition to the models that were on display at the International Fair in Birmingham, 3 ________ other designs, as illustrated in our catalogue, also enclosed.
All our equipment is 4 ____________ and comes with a five-year guarantee. A range of accessories 5 ____________. Repairs and exchanges 6 ____________ by one of our two hundred partners located throughout Europe.
Furthermore, we are able to offer a 5 % discount 7 ____________ € 2,500.
All models can be supplied, 8 ____________, 3 weeks from the date on which we receive your firm order. Our cif prices are for sea / land transport only; if you require the goods to be sent by air freight, this will be charged at extra cost.

We look forward to receiving your order.

Yours sincerely

J. Müller

J Müller
Sales Manager

Brief 12: Lösung auf Seite 157

Formulieren Sie seinen Brief mit Hilfe folgender Redewendungen:

1 *„In Beantwortung":*
In reply to
Replying to
As a result of

2 *„Wir freuen uns ... beizulegen":*
it is an honour to send you
we have pleasure in giving
we are pleased to enclose

3 *Eine große Auswahl anbieten:*
we have a wide range of
we make plenty of
we are holding a sale of

4 *Die Qualität hervorheben:*
the best
of a high standard
showing quality

5 *„ist / sind erhältlich":*
are ready
are also available
are disposable

6 *Reparaturservice anbieten:*
can be carried out
is undertaken
can be transferred

7 *Bei größeren Aufträgen einen Rabatt gewähren:*
for some orders exceeding
for all orders bigger than
for all orders exceeding

8 *„solange der Vorrat reicht":*
subject to availability
if possible
if in stock

Textbausteine

Sich auf einen Brief beziehen

Thank you for your enquiry about / your interest in... .	Wir bedanken uns für Ihre Anfrage bezüglich ... / Ihr Interesse an ... .
With reference to your letter of 10th January... .	Wir beziehen uns auf Ihren Brief vom 10. Januar und ... .
In reply to your letter... .	In Beantwortung Ihres Briefes ... .

Unterlagen schicken

We have pleasure in enclosing... .	Wir freuen uns ... beizufügen.
We are pleased to submit... for your approval.	Wir freuen uns, Ihnen ... zur Ansicht vorlegen zu können.
our curent price list	unsere aktuelle Preisliste
our most recent catalogue	unseren neuesten Katalog
a detailed quotation for the goods specified	einen genauen Kostenvoranschlag über die gewünschten Waren

Einen Rabatt oder Nachlass gewähren

We are able to offer a 10 % discount on all orders exceeding £20 in value / on repeat orders.	Wir können 10 % Rabatt auf alle Bestellungen gewähren, die einen Wert von £20 übersteigen / ... auf alle Nachbestellungen anbieten.
We can make you a firm offer for... .	Wir können Ihnen ein festes Angebot über / für ... machen.
We can allow / offer a discount of 10 %.	Wir können Ihnen einen 10 %igen Rabatt einräumen / anbieten.
Your initial order is subject to a discount of 10 %.	Auf Ihre Erstbestellung gewähren wir einen Rabatt von 10 %.
This range is on offer at a special introductory price.	Diese Serie ist zu einem besonderen Einführungspreis im Angebot.

Den Lagerbestand beschreiben

All models can be supplied from stock.	Alle Modelle sind vorrätig.
Please let us have your order as soon as possible because supplies are limited.	Bitte schicken Sie uns Ihre Bestellung so bald wie möglich, da unsere Lagerbestände begrenzt sind.
Our stocks are sold out / We are out of stock, but we can offer you a substitute / an alternative..	Unsere Lagerbestände sind erschöpft / ausverkauft, aber wir können Ihnen Ersatz anbieten.
These goods are out of stock.	Diese Waren sind nicht vorrätig.

Vorbehalte äußern

subject to...	unter Vorbehalt, vorbehaltlich ...
subject to availability	solange der Vorrat reicht
subject to prior sale	Zwischenverkauf vorbehalten
subject to approval by the manager	nur mit Zustimmung des Geschäftsführers
subject to our receiving your order	nur mit / bei Auftragseingang
while stocks last	solange der Vorrat reicht
Prices are subject to change without notice.	Wir behalten uns Preisänderungen vor.

Zusätzliche Leistungen erwähnen

We have service centres all over the country.	Wir haben landesweit Dienstleistungszentren.
The equipment comes with optional accessories.	Für die Ausrüstung / Einrichtung gibt es verschiedenes Zubehör.
The goods carry / come with a one-year guarantee / warranty.	Auf die Waren / Produkte geben wir ein Jahr Garantie.
Installation is carried out free of charge.	Der Einbau / Anschluss ist kostenlos / gebührenfrei.

Zahlungsarten und Preise

cif prices / cost insurance freight	Preise für Kosten, Versicherung und Fracht
to be charged at extra cost	zuzüglich berechnet werden
terms of payment 30 days net	Zahlungsbedingungen: netto innerhalb 30 Tagen

Anmerkungen

- Der englische Ausdruck **a number of (accessories)** kann mit „eine gewisse Anzahl" oder „einige" übersetzt werden.
- Beachten Sie, dass die Passivformulierung **if you require the goods to be sent** häufig in formellen Geschäftsschreiben verwendet wird.
- Unterscheiden Sie: **of a high standard** (mit Artikel) und **of good quality** (ohne Artikel).
- Eine **guarantee** bedeutet, dass man ein gekauftes Produkt innerhalb einer bestimmten Frist zurückgeben kann, wenn man als Kunde mit dem Produkt nicht zufrieden ist; man erhält dann sein Geld zurück. Bei einer **warranty** macht der Verkäufer für eine bestimmte Frist nach dem Kauf die schriftliche Zusage, das Produkt kostenlos zu reparieren, falls es nicht funktioniert bzw. defekt ist, oder ganz zu ersetzen gegen ein anderes, fehlerfreies Produkt.

Sie sind dran!

1 Vervollständigen Sie diesen Kostenvoranschlag, mit dem zugleich ein Rabatt angeboten wird:

In ________________ your enquiry of 5th December, we are pleased to ________________ a detailed quotation ________________ the goods specified. We can allow a 3 % discount ________________ all orders ________________ € 200. Prices are ________________ change without ________________ .

2 Sie haben einen Kostenvoranschlag für die Renovierung Ihrer Geschäftsräume eingeholt. Ergänzen Sie das Antwortschreiben:

We are pleased ________________ a quotation ________________ the renovation of your premises. The work carries a guarantee of one year ________________ your prior approval of the completed renovation. We enclose our most ________________ catalogue to give you an indication of the materials available. We also ________________ our ________________ price list.

3 Füllen Sie die Lücken in diesem Kostenvoranschlag zu einem speziellen Einführungs-angebot:

In ____________ your enquiry of 1st September we are pleased ____________ the requested quotation ____________ goods specified. This range is a special ____________ offer, with a 5 % discount ____________ your initial order. If you wish to take advantage ____________ this offer, please fill ____________ the ____________ form.

4 Auch in diesem letzten Schreiben fehlen noch einige Begriffe:

With ____________ to your enquiry ____________ 8th January, we have pleasure ____________ enclosing a quotation ____________ the goods specified. Please let ____________ have your order as soon as possible, since ____________ are limited.

▶ Lösung auf Seite 165

9 Zahlungsbedingungen und Rechnungen

Herr Müller schreibt einer Kundin, Frau Mary Donovan, die Luxiphon einen Großauftrag erteilen möchte.

Subject: **Conditions**
Date: 08.05.20...
From: j.mueller@luxiphon.de
To: mary.donovan@northernsupplies.co.uk

1 ____________

2 ____________ your 3 ____________ regarding our
4 ____________ . 5 ____________ 30 days net, but we can allow you
6 ____________ for 7 ____________
Payment 8 ____________ by irrevocable letter of credit or
advance payment.

9 ____________ your initial order.

10 ____________

J Müller

Luxiphon GmbH
Jens Mueller
Sales Manager
Magdeburger Straße 250
10785 Berlin
Deutschland/Germany
Tel +49 (0)30 3344 5507
Fax +49 (0)30 3344 5587
Email: j.mueller@luxiphon.de

▶ E-Mail 13: Lösung auf Seite 157

Helfen Sie ihm, die Zahlungsbedingungen zu erläutern:

1 *Die Anrede:*
Dear Mrs Donovan
Dear Mary
Dear Madam

2 *„Wir beziehen uns auf":*
We refer to
About
As regards

3 *„vor kurzem erfolgte Anfrage":*
recent enquiry
latest demand
last question

4 *„Zahlungsbedingungen":*
terms for paying
rules of payment
conditions of payment

5 *Die Zahlungsbedingungen angeben:*
We demand
Our terms are
You must pay

6 *„ein Zahlungsziel von zwei Monaten":*
two months' credit
two months' debt
a delay of two months

7 *„Nachbestellungen":*
other orders
subsequent orders
firm orders

8 *Die Zahlung „sollte ... erfolgen":*
must be done
is to take place
should be made

9 *„Wir freuen uns auf den Erhalt":*
We look forward to receiving
We are waiting to receive
We expect to receive

10 *Die Grußformel:*
Regards
Yours faithfully
Yours sincerely

Textbausteine

Die Zahlungsbedingungen angeben

Our conditions / terms of payment are as follows:	Unsere Zahlungsbedingungen lauten / sind folgende:
Payment should be made by... .	Die Zahlung sollte per ... erfolgen.
(irrevocable) letter of credit	(unwiderrufliches) Akkreditiv
bank transfer	Banküberweisung
banker's draft / bank draft	Bankwechsel
cash on delivery (COD) / payment due on receipt	Zahlung gegen Nachnahme
cash with order (CWO)	Zahlung bei Auftragserteilung / Bestellung
cash in advance (CIA)	Vorauszahlung
direct debit	Direktabbuchung
quarterly / monthly payment	vierteljährliche / monatliche Zahlung
pay(ment) on demand	Zahlung bei Vorlage

payment at sight (for letters of credit)	Zahlung bei Vorlage (für Bankbürgschaften / Kreditbriefe)
cash against documents (CAD)	Kasse gegen Dokumente
pro forma invoice	Zahlung durch Proforma-Rechnung
International Money Order (IMO)	internationale Postanweisung
(current) exchange rate	aktueller Wechselkurs
VAT (value added tax) rate	Mehrwertsteuersatz
tax free, duty free	steuerfrei, zollfrei
payment on receipt of goods	Zahlung bei Erhalt der Ware
payment on receipt of invoice	Zahlung bei Rechnungserhalt
cash next delivery (CND)	Barzahlung bei nächster Lieferung
cash before shipment (CBS)	Zahlung vor Lieferung
cash with order (CWO)	Zahlung bei Bestellung

Sich nach Sonderkonditionen erkundigen

Are you able to offer / allow a discount?	Können Sie einen Nachlass gewähren?
Could you grant us a preferential rate for this bulk order?	Können Sie uns für eine Bestellung in dieser Größenordnung einen Sonderpreis gewähren?

Einen Zahlungsaufschub / Kredit gewähren oder ablehnen

We can offer / allow you 2 months' credit.	Wir können Ihnen ein Zahlungsziel von zwei Monaten gewähren.
We do not give credit.	Wir gewähren keinen Kredit.
We are not in a position to offer credit.	Wir sind nicht in der Lage Kredit zu gewähren.
Our terms of payment are 30 days net.	Unsere Zahlungsbedingungen lauten: Zahlung innerhalb 30 Tagen ohne Abzug / netto.

Um Begleichung einer Rechnung bitten

We would be grateful if you would forward your remittance in settlement of the enclosed invoice.	Wir wären Ihnen dankbar, wenn Sie den Betrag zur Begleichung der beiliegenden Rechnung überweisen könnten.
Enclosed is our invoice amounting to... .	Unsere Rechnung über ... liegt bei.

Eine Zahlung leisten

We have pleasure in enclosing... .	Wir freuen uns, Ihnen ... zuschicken zu können.
an International Money Order (IMO) for...	eine internationale Postanweisung über ...
your bill of exchange / a cheque for...	Ihren Wechsel / einen Scheck über ...

Enclosed is our banker's draft for...	Unser Bankwechsel über ... liegt bei.
Our bank has been instructed to transfer the agreed 10 % deposit.	Unsere Bank ist angewiesen, die vereinbarte Anzahlung von 10 % zu überweisen.
As payment of pro forma invoice no. ..., we enclose a draft on... .	Zur Begleichung der Pro-forma-Rechnung Nr. ... legen wir einen Wechsel über ... bei.

Den Zahlungseingang bestätigen

We hereby confirm receipt of payment for...	Hiermit bestätigen wir den Zahlungseingang für ...
We are pleased to confirm receipt of... .	Wir freuen uns den Eingang von ... zu bestätigen.

Eine Gutschriftsanzeige schicken

Please forward a credit note for the sum of... .	Bitte senden Sie uns eine Gutschriftsanzeige über die Summe von ... .
We enclose a credit note for the sum of... .	Wir legen eine Gutschriftsanzeige über die Summe von ... bei.

Ein Kundenkonto besitzen

I would like to open an account with you.	Ich möchte ein Konto bei Ihnen eröffnen.
Please would you forward your account details, including your account number and credit card number?	Könnten Sie uns bitte Informationen über Ihr Konto zugehen lassen, einschließlich Ihrer Konto- und Kreditkartennummer?

Ein Formular ausfüllen

Please write in block capitals.	Bitte in Blockschrift schreiben.
made payable to	zahlbar an
amount due	fälliger Betrag
amount in words	Betrag in Worten

! Anmerkungen

- Die Wendung **payment should be made** klingt viel höflicher als „payment must be made" und wird deshalb vorzugsweise benutzt.
- Der Artikel vor **payment** (s. o.) entfällt, weil hier keine spezielle Zahlung gemeint ist, sondern Zahlungen im Allgemeinen.
- Bitte beachten Sie die unterschiedliche Schreibweise: **cheque** (BE) und **check** (AE). Allerdings wird der Scheck als Zahlungsmittel inzwischen kaum noch verwendet. Im Jahr 2014 erfolgten weltweit nur noch ca. 8 % aller Zahlungen per Scheck.

Rechnungsmuster

MPElectronics Ltd.

51 Torrington Ave,
Coventry CV4 9AQ,
England
Tel. +44 (0) 24 7767 0216
Fax: +44 (0) 24 7767 02476
Email: sales@MPE.co.uk

Invoice
Customer Copy

Invoice number: 16/3548
Date: 10 April 20...

Billing Address
Luxiphon
Magdeburger Straße 250
10785 Berlin
Tel. +49 (0)30 33 44 5587
Fax: +49(0)30 44 5587
Email: Katrin.Schmidt@luxiphon.de

Shipping Address
Luxiphon Fertigungswerk
Eisenbahnstraße 17
06132 Halle (Saale)
Tel: +49(0)345 77556
Email: Toni.Baysal@luxiphon.de

Contact	Customer No.	Order No.	Terms: Net 14
Bayram Yilidrim Approved Purchaser	DE-G35732	DE- BY/5-8	

Qty.	Description	Unit Price £	Unit Price €	Total £	Total €
30	Headset (DR91)	89.05	...	2671.50	...
5	Microphone Set (DT05)	249.06	...	1245.30	...
			Net	3916.80	...
			VAT at 0%	0	...
			Air Freight	69.00	...
			Sub total	3985.80	...
			Down payment 10%		...
			Discount 3%	119.57	...
			Total payable:	3866.23	...

UST-IDNR.	Luxiphon	DE-534-621-98
Intercommunitary VAT Number	MPElectronics	GB-G7894/321

Electronic payment into our Euro account due on or before 24 April 20.......

Bank	Commerz Bank Berlin
Account Name	Luxiphon GmbH
IBAN	DE-5688 0000 0056 4331 00
SWIFT(BIC)	CBKGB2LHRM

MPElectronics is registered as a company in England and Wales.
Registered Office: 51 Torrington Ave, Coventry CV4 9AQ, England
Company Number GB-5607219

Folgende weitere Begriffe und Wendungen könnten Ihnen im Zusammenhang mit Rechnungen häufiger begegnen (telefonisch und in Papierform).

billing address	Rechnungsanschrift
shipping address	Lieferanschrift
date of issue	Ausstellungsdatum (der Rechnung)
VAT identification number	Umsatzsteueridentifikationsnummer
purchase order (no.)	Bestellnummer
net unit price	Einzelpreis / Stückpreis netto
quantity (qty). / no. / pieces / units)	Menge / Anzahl / Stückzahl
country of origin	Herkunftsland
labour (BE) / labor (AE) costs	Arbeitskosten
material costs	Materialkosten
freight charges	Frachtkosten
delivery charges / shipping/handling/ carriage costs	Versandkosten / Lieferkosten
total (payable amount)	Endsumme (zu zahlen)
net(price)	netto (Nettopreis)
exclusive of tax	ohne Steuer / Steuer nicht inbegriffen
inclusive of tax	inklusive Steuer / Steuer inbegriffen
discount	Nachlass
down payment / advance payment / deposit	Anzahlung
hire purchase (HP), conditional sale, installment purchase	Mietkauf / Abzahlungsgeschäft
stage payment / pay in installments	Ratenkauf
letter of credit (L/C) / documentary credit (D/C)	Akkreditiv
2 months credit	2 Monate Zahlungsziel
1% discount if payment received within ten days, otherwise net payment within 30 days (1 % 10 Net 30)	Zahlungsziel 30 Tage, 1 % Skonto bei Zahlung innerhalb von 10 Tagen
2% discount if goods are paid in cash (2% for cash)	2 % Skonto bei Barzahlung
2% discount if goods are paid for within 10 days	2 % Skonto bei Zahlung innerhalb von 10 Tagen
payment in advance (PIA)	Vorauszahlung
terms and conditions of business / terms of business	Geschäftsbedingungen

Anmerkungen

- Die hier gezeigte Rechnung ist nur ein ungefähres Muster. Inhalt und Gestaltung von Rechnungen variieren je nach Standort des Rechnungstellers und der dortigen Gesetzgebung, der gesetzlichen Bestimmungen im Land des Käufers usw.
- Beachten Sie den Unterschied: Eine **invoice** ist in der Regel ein formelle Zahlungsaufforderung für Produkte oder Leistungen. Eine **bill** ist eher eine Auflistung und wird in weniger formellen Situationen gebraucht, z. B. im Restaurant. Beide Begriffe werden aber auch in der jeweils anderen Situation benutzt.
- Merken Sie sich auch den Ausdruck to **invoice / bill someone for something** (jemandem etwas in Rechnung stellen).

Sie sind dran!

Im Folgenden finden Sie verschiedene Formulierungen zu Zahlungsbedingungen und Rechnungsbegleichung. Können Sie alle Lücken ausfüllen? Wenn nicht, sehen Sie sich am besten nochmals die Textbausteine an.

1 Our usual ____________ are 60 days ____________ . We can ____________ you 1 month's further ____________ for repeat ____________ . Payment ____________ by bank transfer.

2 ____________ is our invoice ____________ £500. Would you kindly ____________ your remittance ____________ of the above as soon as possible.

3 We ____________ enclosing our ____________ draft ____________ €200 ____________ settlement of the enclosed invoice no. 334. Please ____________ receipt ____________ return ____________ post.

4 We are not in a ____________ to offer credit, but we can ____________ a discount ____________ all orders ____________ $300.

5 We ____________ with thanks ____________ banker's draft for CNY572, sent in payment of order no. 910.
We ____________ to receiving your next order.

▶ Lösung auf Seite 166

10 Lieferbedingungen

Herr Müller erklärt einer amerikanischen Kundin die Lieferbedingungen für eine Warensendung.

Subject: **Delivery arrangements**
Date: 15.05.20...
From: j.mueller@luxiphon.de
To: jennifer.webster@communicateplus.com

Dear Ms Webster

1 ________________ your order No. 33. 2 ________________ within two months of
3 ________________ . 4 ________________, the consignment will be transported
5 ________________ fob from Berlin to your warehouse in Atlanta, Georgia.

Our prices are cif for sea / land transport to Georgia.
6 ________________ more rapid delivery, 7 ________________ for the goods to be sent by air freight, but 8 ________________ .
Insurance is 9 ________________ .

10 ________________ and will be pleased to answer any further queries you might have regarding the shipment.

Yours truly
J Müller

Luxiphon GmbH
Jens Mueller
Sales Manager
Magdeburger Straße 250
10785 Berlin
Deutschland/Germany
Tel +49 (0)30 3344 5507
Fax +49 (0)30 3344 5587
Email: j.mueller@luxiphon.de

▶ E-Mail 14: Lösung auf Seite 157

Helfen Sie ihm nun, die Lieferbedingungen mit Hilfe folgender Begriffe zu formulieren:

1 *„Wir beziehen uns auf":*
As regards
We refer to
We have referred to

2 *Welche ist die richtige Zeitform?*
Delivery will be made
Delivery has been made
Delivery would be made

3 *Zwei Monate nach „Erhalt Ihrer Bestellung":*
your order
the ship's arrival
receipt of your order

4 *„Wie vereinbart":*
As arranged
As convenient
As you know

5 *Transportbedingungen:*
by train and ship
by rail and sea freight
in a train and on a ship

6 *„Falls Sie ... benötigen":*
If you require
Should you be in need of
If you must have

7 *Eine Dienstleistung vorschlagen:*
we can allow
we have arranged
we can arrange

8 *Zusatzkosten erwähnen:*
this will be charged at extra cost
this will be charged to your bankers
this is very costly

9 *Zahlungsbedingungen nennen:*
payable on arrival
payable by you
optional

10 *Sich für den Auftrag bedanken:*
Thanks a lot for your order
We look forward to your next order
We thank you for your custom

Textbausteine

Lieferfristen mitteilen

Delivery will take four months.	Bis zur Auslieferung wird es vier Monate dauern.
The consignment is ready for immediate delivery.	Die Sendung ist versandbereit.
Delivery can be made from stock.	Lieferung ab Lager.
The items are in stock and should be ready for dispatch by next Monday.	Die Artikel sind vorrätig und dürften bis kommenden Montag zur Auslieferung versandfertig sein.
Delivery will be made within two months.	Die Lieferung wird innerhalb zwei Monaten erfolgen.

Das Transportmittel mitteilen

As arranged, the consignment will be transported by air / rail / sea freight.	Wie abgesprochen wird die Lieferung per Luft- / Bahn- / Seefracht transportiert werden.
We will dispatch the goods tomorrow by air freight.	Wir werden die Waren morgen per Luftfracht verschicken.

Die Versandbedingungen angeben

Our prices are... .	Unsere Preise gelten ... .
EXW - ex works, ex warehouse	ab Werk, ab Lager
FCA - free carrier	frei Frachtführer
FOB - free / freight on board	frei an Bord
free / franco domicile	frei Haus
CPT - carriage paid to...	frachtfrei bis ...
CIF - cost, insurance, freight	Kosten, Versicherung, Fracht
CFR - cost and freight	Kosten und Fracht
CIP - carriage and insurance paid to...	frachtfrei versichert bis ...
DDP - delivery duty paid	geliefert verzollt
DAF - delivered at frontier	geliefert Grenze

Die Lieferadresse mitteilen

Please note that delivery should be made to the following address.	Bitte beachten Sie, dass die Lieferung an nachstehende Adresse erfolgen soll.
Would you please deliver to the following address?	Würden Sie bitte an folgende Adresse liefern?
Please note the new address of our offices.	Bitte beachten Sie die neue Adresse unserer Büros.

Den Versand anzeigen

We are pleased to inform you that we have dispatched... today, in accordance with your order.	Es freut uns Ihnen mitteilen zu können, dass wir heute gemäß Ihrer Bestellung ... ausgeliefert haben.
As agreed, the goods will be delivered to you on Monday morning.	Wie abgesprochen werden Ihnen die Waren Montagmorgen zugestellt.
Order no. ... will be ready for delivery as from 5th May. Please advise as to how you will take delivery of the goods.	Die Bestellung Nr. ... wird ab 5. Mai versandbereit sein. Bitte teilen Sie uns mit, in welcher Form Sie die Lieferung entgegennehmen.

Einen Lieferverzug mitteilen

Owing to... we are unable to deliver your order no. ... before 7th June.	Wegen / Aufgrund ... sind wir nicht in der Lage Ihre Bestellung Nr. ... vor 7. Juni auszuliefern.
Unless we receive instructions from you to the contrary, we will assume that your order still stands.	Falls wir nichts Gegenteiliges von Ihnen hören, nehmen wir an, dass die Bestellung noch gültig ist.

Die Versandart beschreiben

The goods will be delivered in hermetically sealed, shock-proof crates.	Die Waren werden in hermetisch versiegelten, stoßfesten Kisten verschickt (werden).
The documentation requested has been sent to you... .	Die angeforderten Unterlagen wurden Ihnen ... zugeschickt.
under separate cover	mit getrennter Post
by registered post	per Einschreiben
by messenger / by courier	per Boten / per Eilboten

Anmerkungen

- Beachten Sie, dass in Wendungen wie **Delivery will be made / The consignment will be transported / This will be charged** das Passiv benutzt wird. Wegen seines nicht so persönlichen, dafür aber formelleren Aspekts wird in Geschäftschreiben diese Form dem Aktiv vorgezogen.
- Merken Sie sich die Wendung **is payable by you**, deutsch: „geht / gehen zu Ihren Lasten". Diese Formulierung, ebenfalls im Passiv, ist auf die Handelskorrespondenz beschränkt und ist höflicher als „Sie müssen ... zahlen".

Sie sind dran!

1 **Schreiben Sie Herrn Müller und präzisieren Sie die Lieferbedingungen für die von Ihnen bestellten Waren: Lieferung vor 15. 11. per See- und Schienenfracht, ab Fabrik Luxiphon bis zu Ihrem Lager, geliefert verzollt.**

2 **Wie muss diese Versandanzeige vollständig lauten?**

We ________________ your order ________________ 500 pairs of green socks. The items are ____________________ stock and should be ready ______________ dispatch by next week. Delivery ______________ made ______________ one month of processing the order.

3 **Vervollständigen Sie die nachstehende Lieferverzug-Mitteilung:**

Owing ________________ problems ________________ our manufacturing plant, we are ______________________ to deliver your order no. 77 ______________ October 9th as requested. ______________ we receive ______________ from you ______________ the contrary, we will ______________ that your order still stands and will ______________ the goods as ______________ as the problem is rectified.

▶ Lösung auf Seite 166

11 Zahlungserinnerungen

Herr Müller stellt eines Tages fest, dass einige Kunden bereits vor drei Monaten ausgeführte Aufträge noch nicht bezahlt haben. Es wäre ihm lieber, wenn er diese Zahlungserinnerungen nicht schicken müsste!

LUXIPHON Magdeburger Straße 250 · 10785 Berlin · Tel. 030-33 44 5500 · Fax 030-33 44 5587
mail@luxiphon.de · www.luxiphon.com

Mr Jason Hughes
Scientific Ltd
155 Birmingham Avenue
Cleveland Ohio 44321
USA

Jens Müller
Tel: +49 (0)30 33 44 5507
Fax: +49 (0)30 33 44 5587
Email: j.mueller@luxiphon.de

20th October 20...

1 ____________________

We would like to 2 ______________ our invoice No.254 dated September 5th.
3 ____________________ payment, 4 ____________________ if you could
5 ____________________ as soon as possible. 6 ____________________ the amount due,
please 7 ____________________ .

8 ____________________

J. Müller

J Müller
Sales Manager

▶ Brief 15: Lösung auf Seite 157

Helfen Sie ihm beim Aufsetzen seines Mahnschreibens an den amerikanischen Kunden und verwenden Sie folgende Begriffe:

1 *Die Anrede:*
Dear Jason
Dear Mr Hughes
Dear Sir or Madam

2 *Auf etwas hinweisen:*
indicate
mention
draw your attention to

3 *Mitteilen, dass die Zahlung noch nicht erfolgt ist:*
As we are waiting so long for
As we are in desperate need of
As we have not yet received

4 *Um etwas bitten:*
we would be grateful
we would be most thankful
we would be happy

5 *Um Zahlung bitten:*
send the money
settle your account
deal with the problem

6 *„Falls Sie ... schon überwiesen haben":*
If you are thinking of sending
If you will have sent
If you have already transferred

7 *„betrachten Sie dieses Schreiben als gegenstandslos":*
forget about this letter
ignore this reminder
do not take account of this note

8 *Die Grußformel:*
Yours sincerely
Yours truly
Yours faithfully

Textbausteine

Sich auf die Rechnung beziehen

Our invoice, of which we enclose a copy, was sent to you on... *(date)*.	Beiliegend eine Kopie unserer Rechnung, die Ihnen am ... *(Datum)* zuging.
We are writing in connection with your outstanding account of... .	Wir beziehen uns auf den noch ausstehenden Betrag von ... .
We would like to draw your attention to our invoice of... *(date)*.	Wir möchten Sie hiermit auf unsere Rechnung vom ... *(Datum)* hinweisen.

Eine Zahlungserinnerung schicken

As we have not yet received payment, we would be grateful if you could settle your account / invoice as soon as possible.	Da wir noch keine Zahlung erhalten haben, wären wir Ihnen für eine umgehende Begleichung der Rechnung dankbar.
As the account has not yet been cleared, could you please submit your payment as soon as possible?	Da Ihr Konto noch nicht ausgeglichen ist, bitten wir Sie, Ihre Überweisung baldmöglichst vorzunehmen.

As no advice of payment has been received from our bank, we would be glad if you would arrange for the payment to be made... .	Da wir von unserer Bank noch keine Zahlungsmitteilung erhalten haben, wären wir Ihnen dankbar, wenn Sie die Rechnung begleichen könnten.
May we remind you our terms are 30 days net. Kindly pay the bill / invoice as soon as possible.	Wir möchten Sie daran erinnern, dass unsere Bedingungen 30 Tage netto lauten. Bitte begleichen Sie die Rechnung baldmöglichst.

Falls der Kunde die Rechnung schon beglichen hat

Should you have already settled the account, please disregard this reminder.	Sollten Sie die Rechnung schon beglichen haben, so betrachten Sie diese Zahlungserinnerung bitte als gegenstandslos.
If you have already settled your account: please ignore this reminder.	Falls Sie die Rechnung bereits beglichen haben sollten, ignorieren Sie bitte dieses Schreiben / betrachten Sie dieses Schreiben bitte als gegenstandslos.
If you have already sent the required amount, please ignore this reminder.	Sollten Sie den betreffenden Betrag schon gezahlt haben, so ignorieren Sie bitte diese Zahlungserinnerung.
We have now received payment for invoice no X dated... .	Wir haben die Zahlung der Rechnung Nr. X vom ... inzwischen erhalten.

Eine zweite Mahnung schicken

Having received no reply to our letter of... in which we reminded you that we are still awaiting settlement of our invoice no. X, we must request payment of the amount due without further delay.	Da wir keine Antwort auf unser Schreiben vom ... erhielten, in dem wir darauf hinwiesen, dass die Rechnung Nr. X noch nicht beglichen wurde, bitten wir Sie, den ausstehenden Betrag umgehend zu begleichen.
We enclose a statement of your account. We feel sure that its settlement has been overlooked, but having already sent one reminder, we must insist that payment be made within the next seven days.	Wir fügen einen Kontoauszug bei. Sicher handelt es sich (hierbei) um ein Versehen Ihrerseits; da wir aber schon eine Zahlungserinnerung geschickt haben, müssen wir darauf bestehen, dass die Zahlung innerhalb der nächsten sieben Tage erfolgt.
We wish to remind you that our invoice no. X dated... is still unpaid / outstanding and ask you to give the matter your immediate attention.	Wir möchten daran erinnern, dass unsere Rechnung Nr. X vom ... noch nicht beglichen wurde, und bitten Sie, die Angelegenheit umgehend zu erledigen.

Eine letzte Mahnung schicken

Despite two reminders sent to you on... and..., the amount of our invoice no. X is still outstanding, and is now three months overdue. As we have received no reply from you, we shall have to take legal proceedings unless payment reaches us within the next seven days.	Obwohl Ihnen am ... und am ... zwei Zahlungserinnerungen zugingen, steht der Betrag unserer Rechnung Nr. X noch immer aus und ist nun bereits seit drei Monaten überfällig. Da wir keine Antwort von Ihnen erhielten, werden wir rechtliche Schritte (gegen Sie) einleiten müssen, falls die Rechnung nicht innerhalb der nächsten sieben Tage beglichen wird.
Unless you settle your account within seven days, we shall have to refer the matter to our solicitors.	Sollten wir Ihre Zahlung nicht innerhalb sieben Tagen erhalten, werden wir die Angelegenheit unseren Rechtsanwälten übergeben müssen.

Antwort auf ein Mahnschreiben

We regret to inform you that we can find no trace of invoice no. 27. We would be obliged if you could send us a duplicate so that we can proceed with the necessary payment.	Wir müssen Ihnen leider mitteilen, dass sich die Rechnung Nr. 27 nicht auffinden lässt. Wir wären Ihnen dankbar, wenn Sie uns eine Kopie dieser Rechnung zugehen lassen könnten, so dass wir die nötige Zahlung veranlassen können.
The delay in the settlement of our outstanding account no. 38G12 was caused by a computer error in our accounts department.	Die Verzögerung bei der Begleichung des offenstehenden Kontos Nr. 38G12 wurde durch einen Computerfehler in unserer Rechnungsabteilung hervorgerufen.
Please accept our apologies for the inconvenience caused, and rest assured that you will be receiving our payment shortly.	Wir entschuldigen uns für die Ihnen entstandenen Ungelegenheiten und versichern Ihnen, dass die Zahlung in Kürze bei Ihnen eingehen wird.
We apologize for the delay in our settlement of your invoice no. 63, but we have recently experienced some cash flow problems. We would be grateful if you could allow us a further credit of 30 days.	Wir entschuldigen uns für die Verzögerung bei der Zahlung Ihrer Rechnung Nr. 63, aber es ergaben sich in letzter Zeit einige Cashflow-Probleme. Wir wären Ihnen dankbar, wenn Sie uns einen weiteren Kredit von 30 Tagen einräumen könnten.
Please accept our apologies for the delay.	Für die lange Verzögerung bitten wir vielmals um Entschuldigung.

Anmerkungen

- Beachten Sie, dass **may we...** wie das deutsche „dürfen wir ..." benutzt wird, um eventuell unangenehme Aufforderungen zu entschärfen oder sie höflicher zu formulieren. **We draw your attention to...** wäre die direktere, aber nicht so höfliche Möglichkeit, auf etwas hinzuweisen. Diese Formulierung lässt sich wiederum ein bisschen abschwächen mit **would like to: We would like to draw your attention to...**

Sie sind dran!

1 Vervollständigen Sie diese Zahlungserinnerung:

As we ________________ received payment ________________ our invoice no. 609, we would be grateful if you could ________________ as ________________ possible.

2 Diese letzte Mahnung ist nachdrücklicher im Ton. Füllen Sie die Lücken:

________________ previous reminders your account is ________________ outstanding. ________________ payment reaches us ________________ the next seven days, we shall have to take ________________ .

3 Bestätigen Sie den Erhalt einer Zahlungserinnerung für die Rechnung Nr. 703B. Weisen Sie darauf hin, dass diese Rechnung schon beglichen wurde und dass es sich um einen Buchungsfehler handeln muss.

▶ Lösung auf Seite 166

12 Verhandlungen und Vereinbarungen

Beim Durchgehen der Post stößt Herr Müller auf eine unerwartete Anfrage. Panorama, eine amerikanische Firma, die Schlagzeuge herstellt, bietet ein Partnerschaftsabkommen an: Luxiphon soll die Schlagzeuginstrumente auf den europäischen Markt bringen, als Gegenleistung will Panorama den Vertrieb von Luxiphon-Produkten in den USA übernehmen.

PANORAMA LTD

1150 Grand Boulevard / Los Angeles California 90041 / USA
Telephone: (310) 650-6061 / Fax: (310) 650-6008
Email: info@panorama.com / www.panorama.com

Luxiphon
Magdeburger Str. 250
10785 Berlin
Germany

25th April 20...

Our ref: TS / PL 314

Dear Sir or Madam

We are manufacturers of professional percussion instruments and 1 ________________ a European manufacturer of compatible products with a view to entering into a commercial partnership.
We would like to offer our services as commercial agents for your products in the United States, 2 ________________ your representation of our products on the European market. Please find enclosed a brochure describing our company.

As we are sure 3 ________________, the US market offers excellent potential for your type of product, and 4 ________________ that you will appreciate how much 5 ________________ from such a partnership. As for ourselves, we have reason to believe that the market 6 ________________ in Europe and consider that the best way 7 ________________ is to achieve a commercial presence via a European company.

We hope you will 8 ________________, and look forward to your reply.

Yours truly

Mr T Southampton
Export Manager

▶ Brief 16: Lösung auf Seite 158

Vervollständigen Sie das Geschäftsangebot, das Panorama Herrn Müller zugeschickt hat:

1 *„Wir sind auf der Suche nach":*
would like to meet
are seeking
will be contacting

2 *„als Gegenleistung für":*
as an exchange for
in exchange with
in exchange for

3 *„ist Ihnen bekannt":*
you are aware
you must know
you bear in mind

4 *Eine positive Antwort voraussetzen:*
we assume
we realise
we feel confident

5 *„Ihre Firma könnte ... profitieren":*
your company could benefit
you could gain
your turnover would increase

6 *Der Markt „öffnet sich":*
is opening up
has started
will be good

7 *Von einer Situation profitieren:*
to win
to compete
to take advantage of this opportunity

8 *Das Angebot in Erwägung ziehen:*
look into this
give this proposal your kind consideration
give this your immediate attention

Textbausteine

Sich auf die Kontaktaufnahme beziehen

Following a recent visit to your stand	Da ich kürzlich Ihren Stand besuchte, ...
I was given your name by Mr... .	Herr ... nannte mir Ihren Namen.
The Chamber of Commerce suggested I contact you.	Die Handelskammer riet mir, mit Ihnen Kontakt aufzunehmen.
We met / were introduced at the Frankfurt Book Fair.	Wir lernten uns auf der Frankfurter Buchmesse kennen. / Wir wurden einander auf ... vorgestellt.

Die eigene Gesellschaft vorstellen

We are retailers of... .	Wir sind Einzelhändler für ... .
We are manufacturers of... .	Wir stellen ... her.
We are a distribution company specialising in electrical goods.	Wir sind eine Vertriebsgesellschaft, die auf Elektrogeräte spezialisiert ist.
We are specialists in marine insurance.	Wir sind Spezialisten für Seeversicherungen.

We are a trading company specialising in the promotion, marketing and sales of computer equipment to Middle Eastern countries.	Wir sind eine Handelsgesellschaft, die auf Werbung, Vermarktung und Verkauf von Computer-Equipment / -Anlagen für den Mittleren Osten spezialisiert ist.
We are one of the leading German suppliers of pharmaceutical products to developing countries.	Wir sind einer der führenden deutschen Lieferanten für pharmazeutische Produkte in Entwicklungsländer.

Die Art des Abkommens näher erläutern

We would like to form a partnership.	Wir möchten eine Partnerschaft / Teilhaberschaft aufbauen.
We would be interested in an agency agreement to cover the whole of Eastern Europe.	Wir wären an einem Vertretervertrag für ganz Osteuropa interessiert.
We are interested in offering our services to you for the distribution of your products in this part of the world.	Wir möchten Ihnen unsere Dienste beim Vertrieb Ihrer Produkte in diesem Teil der Erde, anbieten.
We would be interested in forming a joint venture with your company.	Wir sind an einem Joint Venture mit Ihrer Firma interessiert.

Ein Angebot machen

We would like to offer our services as... .	Wir möchten unsere Dienste als ... anbieten.
We would like to suggest a collaboration in the development and marketing of new technologies.	Wir möchten eine Zusammenarbeit bei der Entwicklung und Vermarktung neuer Technologien vorschlagen.

Auf günstige Handelsbedingungen hinweisen

If your company is interested in starting or increasing sales to... *(country)*, this is/would be a good opportunity.	Falls Ihre Firma daran interessiert ist, den Vertrieb in ... *(Land)* aufzunehmen oder zu intensivieren, ist/wäre dies eine gute Gelegenheit dazu.
There is potentially a very good market for quality leather shoes in this part of the world.	In diesem Teil der Erde gibt es für Qualitätslederschuhe einen potenziell hervorragenden Markt.
There is much demand for your type of product here.	Nach Produkten wie Ihrem besteht hier eine große Nachfrage.
The market is expanding / opening up / booming / beginning to pick up.	Der Markt expandiert / öffnet sich / boomt / erholt sich allmählich wieder.
The continuing consumer boom in... *(country)* has created a promising market for... *(product)*.	Die anhaltende Hochkonjunktur in ... *(Land)* hat einen vielversprechenden Markt für ... *(Produkt)* geschaffen.

Um Antwort bitten

We hope you will give this proposal your kind consideration.	Wir hoffen, Sie finden Wohlgefallen an unserem Vorschlag.
We look forward to receiving your comments on the above / on this proposal.	Wir freuen uns auf Ihre Beurteilung des oben genannten / dieses Vorschlags.
In case you are unable to help us with this proposal, we would be grateful if you could put us in touch with a company that may be interested.	Sollten Sie nicht in der Lage sein, auf unseren Vorschlag einzugehen, wären wir Ihnen dankbar, wenn Sie uns mit einer Firma in Kontakt bringen könnten, die eventuell daran interessiert wäre.

Anmerkungen

- Beachten Sie die ing-Form in: **with a view to enterING into...** (im Hinblick auf einen Einstieg in ...).
- Merken Sie sich das Verb **to be aware (of)**: „sich einer Sache bewusst sein, über etwas unterrichtet sein"; die betontere Form **you are not unaware (of the fact that...)** muss im Deutschen, wegen ihrer doppelten Verneinung, mit „Sie sind sich sicherlich (der Tatsache) bewusst, dass ..." übersetzt werden.
- Beachten Sie die Wendung **to feel confident**: überzeugt / sich sicher sein.

Sie sind dran!

Hier stellen sich drei Unternehmen vor. Vervollständigen Sie das Anschreiben ...

1 ... der Handelsgesellschaft für Baumaschinen:

We are a trading company ________________ in the marketing and sale of construction equipment ________________ the Asian market. We ________________ an agency agreement for the commercialisation of your products ________________ this part of the world.

2 ... der Videospiel-Einzelhändler:

We are retailers ________________ video games and ________________ interested in acting as agents ________________ you in Australia. We ________________ our brochure detailing our activities. We look ________________ your comments ________________ this proposal.

3 ... der auf Computer spezialisierten Vertriebsgesellschaft:

We ________________ distribution company ________________ computers and ________________ be interested in a partnership ________________ the distribution of your products, to cover the whole ________________ Northern Europe. If you are interested ________________ this proposal, please get in ________________ with us as soon as possible.

▶ Lösung auf Seite 166

13 Verträge aufsetzen

Herr Müller legt die Vertragsbedingungen der Handelsvertretung mit der amerikanischen Firma Panorama fest.

LUXIPHON Magdeburger Straße 250 · 10785 Berlin · Tel. 030-33 44 5500 · Fax 030-33 44 5587
mail@luxiphon.de · www.luxiphon.com

Mr T Southampton
Panorama Ltd
1150 Grand Boulevard
Los Angeles
CA 90041 USA

Jens Müller
Tel: +49 (0)30 33 44 5507
Fax: +49 (0)30 33 44 5587
Email: j.mueller@luxiphon.de

Your ref: TS / PL 314
Our ref: JM / S 67

12th May 20...

Dear Mr Southampton

Agency Agreement

1 ________________ our video call on Thursday, I am pleased to confirm the agency agreement giving you 2 ________________ for our products in the United States.

3 ________________ two copies of our terms for the agency agreement. Would you please 4 ________________ and return them to me, 5 ________________ any comments or amendments you would like to make regarding the contents?
6 ________________ concerning the conditions of the agency agreement
7 ________________ .

I look forward to 8 ________________ to discuss the final contract, and hope this is the beginning of a long and mutually beneficial association.

Yours truly

J. Müller

J Müller
Sales Manager

Encs

▶ Brief 17: Lösung auf Seite 158

Schreiben Sie Herrn Müllers Brief mit Hilfe nachfolgender Begriffe:

1 *„Bezug nehmend auf":*
With reference to
To refer to
Having referred to

2 *Eine Alleinvertretung vorschlagen:*
exclusive representation
sole agency
only to represent

3 *„Anbei finden Sie":*
Inside please find
Enclosed are
You will find joined

4 *Um Unterzeichnung beider Exemplare bitten:*
sign two copies
sign the examples twice
sign both copies

5 *„zusammen mit":*
together with
besides
further to

6 *„Für weitere Fragen":*
For all other information
If you have more questions
Should you have any further queries

7 *„ ... stehe ich Ihnen gerne zur Verfügung":*
I am to be disposed of
I am in your disposition
please do not hesitate to contact me

8 *„unser baldiges Treffen":*
our next meeting
our forthcoming meeting
meeting us soon

Textbausteine

Den Vertrag bestätigen

With reference to our discussion / your letter / our telephone conversation, we are pleased to confirm... .	Bezug nehmend auf unser Gespräch / Ihren Brief / unser Telefongespräch freuen wir uns, ... zu bestätigen.
the agency agreement	der Vertretervertrag
our partnership	unsere Partnerschaft
our joint venture	unser Joint Venture / Gemeinschafts-unternehmen
the franchise	das Franchise / das Alleinverkaufsrecht

Um Unterzeichnung bitten

Enclosed are two copies of the contract.	In der Anlage finden Sie zwei Kopien des Vertrags.
Would you please sign both copies and return one to me?	Unterzeichnen Sie bitte beide Kopien und senden Sie eine an mich zurück.
Enc(s), Encl(s)	Anlage(n)

Schlussformeln

If you have any further queries regarding the conditions of the contract please do not hesitate to contact me.	Sollten Sie weitere Fragen zu den Vertragsbedingungen haben, stehe ich Ihnen gerne zur Verfügung.
I look forward to our forthcoming meeting.	Ich freue mich auf unser baldiges Treffen.
I hope this is the beginning of a long and mutually beneficial association (between our two companies).	Ich hoffe, dies ist der Anfang einer langen und (für beide Firmen) fruchtbaren Zusammenarbeit.
Please let us know within 3 weeks if these terms are acceptable.	Bitte geben Sie uns innerhalb der nächsten drei Wochen Bescheid, ob Sie mit diesen Bedingungen einverstanden sind.

In folgendem Vertrag sind alle in dieser Art von Dokumenten häufig vorkommenden Elemente fett gedruckt.

AGREEMENT No. 176	VERTRAG NR. 176
General conditions	Allgemeine Bedingungen
1. Panorama Ltd (**hereafter referred to as** „The Agent") must work **exclusively** for Luxiphon (hereafter referred to as „The Company").	1. Die „Panorama Ltd" (nachfolgend „der Vertreter" genannt) darf ausschließlich für „Luxiphon" (nachfolgend „die Firma" genannt) tätig werden.
2. The Agent **must undertake** not to work for The Company's competitors.	2. Der Vertreter muss sich verpflichten, nicht für die Konkurrenz der Firma zu arbeiten.
3. The Agent must **confine his activities to the area** of the United States of America.	3. Der Vertreter muss seine Tätigkeit auf das Gebiet der USA beschränken.
4. **The Agent's task is to** represent The Company in all ways necessary **to promote the commercial success** of The Company's products in the United States, including presenting catalogues and giving demonstrations to customers, carrying out marketing and advertising campaigns, and managing the importation, sales and distribution of all such products.	4. Aufgabe des Vertreters ist es, die Firma mit allen Mitteln zu repräsentieren, die für einen wirtschaftlichen Erfolg der Firmenprodukte in den USA notwendig sind. Dies schließt die Präsentation von Katalogen, Kundenvorführungen, die Durchführung von Marketing- und Werbekampagnen sowie Import, Verkauf und Vertrieb all jener Produkte ein.
5. The Company **is prepared to spend an average of** Euro 150,000 per year on advertising. The Company will advise on marketing and advertising of the goods.	5. Die Firma ist bereit, durchschnittlich Euro 150.000 pro Jahr für Werbezwecke auszugeben. Die Firma wird beim Vertrieb der Produkte und bei deren Werbung beratend tätig sein.

6. **The contract is limited initially to** 2 years, and **may be renewed** based on **an annual evaluation** of the Agent's performance.	6. Der Vertrag ist zunächst auf zwei Jahre befristet und kann auf der Grundlage einer alljährlichen Bewertung der Tätigkeit des Vertreters verlängert werden.
7. The contract **may be cancelled by either party subject to 3 months' notice**.	7. Der Vertrag kann mit dreimonatiger Frist von jedem Vertragspartner gekündigt werden.
8. There will be a **trial period of** 6 months at the end of which either party may cancel the contract subject to one month's notice.	8. Nach einer Probezeit von sechs Monaten kann jeder Vertragspartner unter Einhaltung einer einmonatigen Kündigungsfrist den Vertrag kündigen.
9. Goods are sold **on a commission basis**, but The Company is prepared **to take on** part of the administration and marketing costs. The Company's **normal rate of commission** for overseas representatives is 20 % of the turnover. This commission is payable on all orders placed through The Agent or his / her intermediaries, and is to include **any expenses** The Agent **incurs**, **provided** The Agent sends the Company full details of such expenses and the **corresponding receipts**. The commission will be **paid quarterly**. /...	9. Die Waren werden auf Provisionsbasis verkauft. Die Firma ist jedoch bereit, einen Teil der Verwaltungs- und Werbungskosten zu übernehmen. Der normale Provisionssatz der Firma liegt für Auslandsvertreter bei 20 % des Umsatzes. Diese Provision ist zahlbar für alle vom Vertreter oder seiner Mittelsperson gebuchten Aufträge und muss sämtliche Ausgaben einbeziehen, die dem Vertreter entstehen, vorausgesetzt, der Vertreter schickt der Firma eine genaue Auflistung aller Aufwendungen mit den dazugehörigen Quittungen. Die Provision wird vierteljährlich ausbezahlt. .../...

Sie sind dran!

1 Vervollständigen Sie dieses Begleitschreiben zu einem Franchise-Vertrag:

With ______________ your letter of 9th September, I am ______________ to confirm the franchise agreement authorising you to set up a branch of our company in Brazil. ______________ are two copies of the franchise agreement. Please ______________ copies and ______________ one to me.

2 Dieser Vertrag ist noch lückenhaft. Helfen Sie!

The general conditions of the contract are as follows:

- The contract is ______________ initially to 5 years, but may be ______________ for a further year ______________ an annual evaluation of your company's performance.
- Our representatives work ______________ a commission ______________
- Commission is ______________ all orders.

▶ Lösung auf Seite 167

14 Dankschreiben

Formelle Dankschreiben

Herr Müller ist sehr zufrieden mit seinem Englandaufenthalt und den Begegnungen mit Frau Johnson und George. Als er im Büro eine ruhige Minute hat, beschließt er, ihnen ein kurzes Dankeschön zu schicken. Die erste E-Mail geht an Frau Johnson, die zweite an George, den er außerdem etwas Wichtiges fragen möchte …

Subject:	**Thank you**
Date:	29.05.20...
From:	j.mueller@luxiphon.de
To:	a.johnson@electron.co.uk (Angela Johnson)

1 ________________

2 ________________ for 3 ________________ we had last Tuesday and for 4 ________________ . It was 5 ________________ to visit your company and become better acquainted with your business operations.

I 6 ________________ your order for the new products 7 ________________ , and am confident that our 8 ________________ will prove a success.

9 ________________

J Müller

Luxiphon GmbH
Jens Mueller
Sales Manager
Magdeburger Straße 250
10785 Berlin
Deutschland/Germany
Tel +49 (0)30 3344 5507
Fax +49 (0)30 3344 5587
Email: j.mueller@luxiphon.de

▶ E-Mail 18: Lösung auf Seite 158

Helfen Sie ihm, sein erstes Dankschreiben aufzusetzen:

1 *Die Anrede:*
Dear Angela
Dear Madam
Dear Mrs Johnson

2 *Die Dankesformel:*
I am interested in thanking you
I thank you
I would like to thank you

3 *Der Grund des Dankes:*
the great time
the productive meeting
the good reunion

4 *„Ihre Gastfreundschaft":*
your excellent welcome
your undivided attention
your kind hospitality

5 *Etwas bewerten:*
most interesting
great fun
good experience

6 *Den Eingang einer Bestellung erwarten:*
cannot wait to receive
shall shortly be receiving
look forward to receiving

7 *An den Gegenstand des Geschäfts erinnern:*
I want you to buy
I showed you
we discussed during our meeting

8 *„weitere Zusammenarbeit":*
good relations
more meetings
renewed co-operation

9 *Die Grußformel:*
Yours faithfully
Yours sincerely
Regards

Informelle Dankschreiben

In seinem Schreiben an George benutzt Jens Müller einen ganz anderen Stil. Hier ist seine vollständige E-Mail:

Dear George

Thanks so much for the great evening at the White Horse Inn. I haven't enjoyed myself so much for a long time. I hope we can get together again soon. I'll be back in Birmingham in June – I'll let you know the exact dates as soon as possible. By the way, I really enjoyed meeting your friend Lisbeth from Kopenhagen – do you have her email address?

Best wishes
Jens

Textbausteine

Dankesformeln

formell:

I wanted / would like to thank you for your hospitality.	Ich wollte / möchte Ihnen für Ihre Gastfreundschaft danken.
Please accept our warmest thanks for… .	Wir möchten uns ganz herzlich für … bedanken.
It was most kind of you to offer us a reduction on the remainder of your stock.	Es war sehr freundlich von Ihnen, uns auf den restlichen Lagerbestand einen Nachlass zu gewähren.
We would like to express our gratitude / our sincere thanks for… .	Wir möchten Ihnen unseren aufrichtigen Dank für … aussprechen.
I am most grateful to you for all your help and hospitality during my stay in York.	Ich bin Ihnen sehr dankbar für Ihre Hilfe und Gastfreundschaft während meines Aufenthalts in York.
Thank you for your hospitality during our meeting.	Haben Sie Dank für Ihre Gastfreundschaft bei unserem Treffen.

informell:

Many thanks for your help.	Vielen Dank für deine Hilfe.
Thank you for the lovely evening.	Danke für den schönen Abend.
Thanks very much for having us.	Vielen Dank für deine Einladung.
Thanks a lot for your letter.	Herzlichen Dank für deinen Brief.

Anmerkungen

- Beachten Sie den Gebrauch des Superlativs **most**, um etwas Positives hervorzuheben: **It was most interesting to visit…**, d. h.: Es war höchst / äußerst interessant … zu besuchen.

Sie sind dran!

1 **Sie waren bei Freunden zum Abendessen eingeladen. Bedanken Sie sich schriftlich bei ihnen für den schönen Abend (lovely evening) und das ausgezeichnete Essen (excellent meal).**

2 **Das folgende Dankschreiben ist eher formell gehalten. Wie muss es korrekt lauten?**

Please ________________ my warmest thanks ________________ your kind ______________ during my visit to Nairobi last week.

3 **Vervollständigen Sie auch dieses kurze Dankeschön:**

I ________________ you for the useful advice and the interesting documents you gave me ________________ our last meeting.

▶ Lösung auf Seite 167

15 Angebote und Einladungen

Formelle Einladung

Nach seiner Rückkehr aus England erhält Herr Müller vom Außenministerium des Vereinigten Königreichs ein Schreiben. Luxiphon wird aufgefordert, im Rahmen einer Ausschreibung ein Angebot für die technische Ausstattung und Instandhaltung der Konferenzräume in der britischen Botschaft und den Konsulaten abzugeben.

Foreign & Commonwealth Office
Procurement Office
Whitehall, London SW1A 2AH

MR JENS MÜLLER
LUXIPHON
MAGDEBURGER STRASSE 250
10785 BERLIN
GERMANY

Your Ref: 3266749
Date: 11th March, 20 ....

1 ______________

The provision, installation and maintenance of conferencing equipment to the British Embassy and Consulates in Germany

The FCO (Contracting Authority for this project) 2 ______________ you to 3 ______________ for the 4 ______________ contract.

5 ______________ all relevant forms and instructions. You are asked to 6 ______________ regarding this tender to: Julia Kurmelis: julia.kurmelis@fcop.gov.uk

Should your bid be successful, you will receive an invitation to a forum at the British Embassy in Berlin to be held for German SMEs and representatives from the Department of International Trade.

We look forward to receiving 7 ______________

8 ______________

Peter Blue
Chief Procurement Officer
British Foreign and Commonwealth Office
London

Enc. 4

▶ Brief 19: Lösung auf Seite 159

Herr Müller schickt eine umfassende Bewerbung los, und bereits nach kurzer Zeit erhält er die gute Nachricht, dass seine Bewerbung für den Großauftrag erfolgreich war - und erhält sogar die Einladung zu einem an die Präsentation des DIT anschließenden feierlichen Empfang bei der britischen Botschaft:

His Excellency Mr Daniel Maguire
requests the pleasure of the company of
Mr J Müller
at a reception to be held at
The British Embassy on
Friday 20th June at 6pm.

Formal Dress

RSVP

Vervollständigen Sie den Brief von Peter Blue mit Hilfe nachfolgender Begriffe:

1 *Die Anrede:*
Dear Sir / Madam
Dear Luxiphon
Dear Sir

2 *Die Formulierung der Einladung:*
is happy to invite
respectfully invites
would like to invite

3 *Bitte um Bewerbungsunterlagen:*
submit a written tender
offer a contract
to request a contract

4 *Auf die Betreffzeile hinweisen:*
indicated
agreed
above mentioned

5 *Auf eine Anlage hinweisen:*
We include herewith
Please find enclosed
Enclosed is

6 *Sich bei Rückfragen an jemanden wenden:*
send some enquiries
refer any queries
report any questions

7 *Wir freuen uns auf „Ihre baldige Antwort“:*
your letter
your answer in detail
your early reply

8 *Die Grußformel:*
Yours sincerely
Regards
Yours faithfully

Informelle Einladung

Herr Müller hat gerade eine Werbeannonce für das neue Sommerprogramm des Freilichtkinos Weißensee gesehen. Er erinnert sich, dass die bezaubernde Lisbeth Antonson eine Filmliebhaberin ist und Ende Juni an einer Konferenz in Berlin teilnehmen wird. Er schreibt ihr eine E-Mail.

Subject: **Invitation**
Date: 03.06.20...
From: j.mueller@luxiphon.de
To: LisAnton@yahoo.co.uk

1 ______________

I very much enjoyed meeting you in February and remember you told me you would be in Berlin for a conference at the end of June. I am 2 ______________ a few days off soon and 3 ______________ meet up when you are here. 4 ______________ the Weißensee open-air film theatre one evening? It is very close to your conference center and afterwards I could take you to a typical Berlin restaurant for dinner. 5 ______________ which evening 6 ______________, and I will 7 ______________. I hope you will 8 ______________ as I am very much looking forward to seeing you again.

9 ______________

Jens

▶ E-Mail 20: Lösung auf Seite 159

Helfen Sie Herrn Müller dabei, diese sehr persönliche Mail an Lisbeth Antonson zu schreiben:

1 *Die Anrede:*
Dear Ms Antonson
Dear Madam
Dear Lisbeth

2 *Sein Vorhaben ankündigen:*
due to have
might be
probably

3 *Vorsichtig anfragen:*
thought we might
was wondering if we could
wanted us to

4 *Einen konkreten Vorschlag machen:*
What's about
How would you like to go to
And if we went to

5 *Um Antwort bitten:*
Let me know
Tell me
Contact my secretary to say

6 *„würde Ihnen/dir am besten passen":*
would suit you best
fit in with your schedule
is fine by you

7 *Das Vorhaben:*
occupy things
get organised
make the necessary arrangements

8 *„es einrichten können":*
come
be able to make it
be interested

9 *Die Grußformel:*
Yours faithfully
Yours sincerely
Best wishes

Textbausteine

Formelle Einladungen

The chairman and directors have pleasure in inviting you to attend the company Christmas Party to be held at the Messepark Hotel, Berlin on Saturday, 20th December, at 8 o'clock.	Der Vorsitzende und der Vorstand freuen sich, Sie am Samstag, dem 20. Dezember, um 20 Uhr zur Weihnachtsfeier der Firma ins Messepark Hotel, Berlin, einzuladen.
Mr and Mrs Friesenborg request the pleasure of the company of Isabella Rodriguez and Lars Mertens at their daughter Frida's wedding reception to take place at... *(place)* on... *(date)* at... *(time)*.	Herr und Frau Friesenborg geben sich die Ehre, Frau Isabella Rodriguez und Herrn Lars Mertens zur Hochzeit(sfeier) ihrer Tochter Frida am (Datum) ... um (Uhrzeit) ... in (Ort) ... einzuladen.

Informelle, private Einladungen

We are planning a small dinner party on... at... .	Wir möchten (euch) am ... um ... zu einem Abendessen im kleinen Kreis einladen.
We hope you will be able to come.	Wir hoffen, dass ihr kommen könnt.
We would be very pleased if you could have dinner with us on Friday evening.	Wir würden uns sehr freuen, wenn ihr Freitagabend zu uns zum Essen kommen könntet.
We wondered whether you would be interested in going to the opening night of... with us.	Wir haben uns überlegt, dass es dich vielleicht interessieren würde, mit uns zur Premiere von ... zu gehen.
I would like to invite you to accompany me on a trip to Norway next month.	Ich würde dich gerne einladen, mich nächsten Monat auf einer Norwegenreise zu begleiten.
Would you be interested in coming with us to...?	Hättest du Lust mit uns nach ... zu kommen?

Zusätzliche Hinweise
formell:

formal dress	Gesellschaftskleidung
evening dress	Abendkleidung
fancy dress (*US*: costume)	Verkleidung
casual dress	zwanglose / legere Kleidung
informal / casual business attire	legere Geschäftskleidung
RSVP	um Antwort wird gebeten
Please reply before... .	Bitte geben Sie bis ... Bescheid.

informell:

Let me know which day would suit you best.	Sag mir bitte, welcher Tag dir am besten passt.
We do hope you can come.	Wir hoffen wirklich / sehr, dass du kommen kannst.
We are looking forward to seeing you.	Wir freuen uns darauf dich zu sehen.

Einladungen zu geschäftlichen Veranstaltungen

I would like to invite you...	Ich würde Sie gerne einladen zu ...
(Name of the host/hostess) cordially invites you to...	(Name des/der Gastgeber/in) lädt Sie hiermit/herzlich ein zu ...
... to have lunch with our company staff on Thursday 9th December.	... zu einem Mittagessen mit unseren Mitarbeitern am Donnerstag, den 9. Dezember.
... to visit our premises.	... unsere Geschäftsräume zu besuchen.
You are invited to attend a cocktail party after the conference.	Wir möchten Sie zu einer Cocktailparty einladen, die im Anschluss an die Konferenz stattfindet.

Anmerkungen

- Beachten Sie, dass bei formellen, gedruckten Einladungen auf Anrede und Schlussformel verzichtet wird. Unten auf der Einladung können auch Einzelheiten erwähnt sein wie beispielsweise die erwünschte Kleidung oder die Bitte um Antwort. Hierfür benutzt man im Englischen übrigens die französische Abkürzung **RSVP** für „répondez s'il vous plaît".
- Merken Sie sich die inhaltliche Reihenfolge auf einer Einladung:
  - Wer lädt wen ein?
  - Rahmen: **a reception, a banquet, a dinner...**
    (ein Empfang, ein Bankett, ein Abendessen)
  - Ort: **to be held / to take place AT**... (findet ... statt)
  - Datum: **ON...** (am ...)
  - Uhrzeit: **AT...** (um ...)
  - Anlass: **in honour of...** (zu Ehren von ...) **to celebrate...** (um ... zu feiern)
- Die Abkürzung **SME** steht für **small and medium-sized enterprises** (kleine und mittelständische Unternehmen).

Sie sind dran!

1 Vervollständigen Sie diese förmliche Einladung zum Mittagessen:

The President of Europa Ltd ________ the ________ of your company ________ a luncheon to take ________ at the York Hotel, Chelsea ________ Thursday, 5th March, ________ 1 o'clock, in ________ of his retirement.

2 Auch in dieser zwanglosen Einladung fehlen Begriffe:

We are going to the theatre next week with a few friends and ________ if you ________ come.

3 Hier wird gar zu einem Bankett geladen. Füllen Sie die Lücken:

Filip and Axel Balstad request the ________ of your ________ at a banquet ________ held ________ the Nordic Hotel, on Friday 21 April, ________ 6 pm.

4 Ergänzen Sie diese Einladung unter Freunden:

We __________ some friends over __________ lunch next Sunday. We would be __________ if you __________ join us.

5 Und wie wär's mit einem Museumsbesuch?

I wondered __________ you would be interested __________ going __________ a museum next week. Let me know whether you __________ come.

▶ Lösung auf Seite 167

16 Einladungen beantworten

Formelle Antworten

Herr Müller freut sich sehr über die Zusage des FCO (britisches Foreign and Commonwealth Office; entspricht dem deutschen Außenministerium) zu seiner Bewerbung um den Auftrag. Mittlerweile war er in London zur Vertragsunterzeichnung. Er fasst zwei verschiedene Antwortschreiben ab, da es sich um zwei unterschiedliche Anlässe handelt: die Ausschreibung des FCO und den feierlichen Empfang bei der Embassy.

1 ________________

2 ________________ of 1st June, 3 ________________ your invitation to attend the DIT forum 4 ________________ at the British Embassy.

5 ________________ receiving 6 ________________ relating to the contract and to

7 ________________ next week.

8 ________________

J. Müller

J Müller
Sales Manager

▶ Brief 21: Lösung auf Seite 159

Und hier folgt Herrn Müllers Dank an die britische Botschaft für die Einladung.

Dear Sir

Mr Müller 9 ________________ His Excellency Mr Daniel Maguire

10 ________________ to the reception at the British Embassy on Friday 20th June which 11 ________________ .

Yours faithfully

J. Müller

J Müller
Sales Manager
Luxiphon

▶ Brief 22: Lösung auf Seite 159

Helfen Sie ihm, die beiden Briefe zu verfassen, und wählen Sie den jeweils passenden Begriff:

Zusage zur Ausschreibung

1 *Die Anrede:*
Dear Mr Blue
Dear Madam
To whom it may concern

2 *Sich auf ein Schreiben beziehen:*
In reply to your letter
Regarding your correspondence
About your invitation

3 *Die Einladung annehmen:*
I are glad to accept
I have great pleasure in accepting
I must accept

4 *Die weitere Einladung erwähnen:*
after dinner
followed by dinner
in addition to dinner

5 *Um zusätzliche Informationen bitten:*
I am keen on
I look forward to
I would be interested in

6 *„zusätzliches schriftliches Material":*
extra news
new brochures
further instructions and documentation

7 *Persönliches Kennenlernen:*
meeting you in person
getting to know you
meeting up

8 *Die Grußformel:*
Yours sincerely
Regards
Yours faithfully

Zusage zum Empfang

9 *Sich für die Einladung bedanken:*
is grateful to
would like to express his warmest thanks to
thanks

10 *An den Anlass erinnern:*
for having invited him
for sending him an invitation
for his kind invitation

11 *Die Einladung annehmen:*
he has much pleasure in accepting
he is pleased to accept
he accepts

Informelle Antworten

Herr Müller erhält eine Antwort von Lisbeth Antonson, die er ins Freilichtkino eingeladen hatte.

1 ______________

2 ______________ for the invitation. 3 ______________ to go to the cinema with you. The best day for me would be Monday 23rd June.

4 ______________ to see you again!

5 ______________

Lisbeth

▶ Brief 23: Lösung auf Seite 159

Vervollständigen Sie ihren Brief mit Hilfe folgender Begriffe:

1 *Die Anrede:*
Dear Jens
Dear Sir
Dear Mr Müller

2 *Sich bedanken:*
Thanks
Please accept my sincerest thanks
I should like to express my gratitude

3 *Die Einladung annehmen:*
I have pleasure in accepting
I should be honoured
I would be delighted

4 *Vorfreude ausdrücken:*
We look forward
It will be a pleasure
I am keen

5 *Die Grußformel:*
Best wishes
Yours faithfully
Yours sincerely

Textbausteine

Sich für eine Einladung bedanken
formell:

Mr and Mrs John Smith thank Mr and Mrs David Smythe for their kind invitation to dinner. *(besonders förmlich)*	Wir bedanken uns herzlich bei Ihnen für die freundliche Einladung zum Abendessen.
Thank you for your kind invitation to the conference.	Wir bedanken uns für Ihre freundliche Einladung zur Teilnahme an der Konferenz.

informell:

Many thanks for the invitation to lunch.	Vielen Dank für die Einladung zum Mittagessen.
Thanks a lot for the invitation.	Vielen Dank für die Einladung.

Eine Einladung annehmen

formell:

... which they / we / I have much pleasure in accepting.	... die sie / wir / ich gern annehme(n).
... which I / we should / would be delighted to accept.	... die ich / wir sehr gern annehme(n) / annehmen würde(n).

informell:

I would be delighted to join you on Thursday.	Ich würde mich sehr freuen, am Donnerstag dabei zu sein.
I would love to come.	Ich komme sehr gern.

Eine Einladung absagen
formell:

... which they are regretfully unable to accept owing to a prior engagement.	... der sie leider wegen einer anderweitigen Verpflichtung nicht nachkommen können.
... which he is unfortunately unable to attend owing to... .	... an dem / der er leider wegen ... nicht teilnehmen kann.
... which I must unfortunately decline as I shall be out of the country on 5th September.	... den / die / das ich leider absagen muss, da ich am 5. September im Ausland bin.

informell:

Unfortunately I will be out of town on the 27th and therefore will not be able to attend the conference.	Bedauerlicherweise bin ich am 27. nicht in der Stadt und werde deshalb nicht an der Konferenz teilnehmen können.
I am afraid I won't be able to make it on Saturday as I already have something on.	Leider kann ich am Samstag nicht kommen, da ich schon etwas vorhabe.

Anmerkungen

- Merken Sie sich folgende Präpositionen, die ähnlich wie im Deutschen verwendet werden:
  your invitation TO the dinner / banquet / reception AT Bicton Hall
  Aber ganz anders als im Deutschen:
  we have much pleasure IN accepting...

Sie sind dran!

1 Formulieren Sie das formelle Antwortschreiben von Herrn und Frau Patel aus:

Mr and Mrs Patel ______________ Mr and Mrs Cavendish ______________ their ______________ invitation ______________ dinner, which they are regretfully ______________ to accept ______________ to a prior engagement.

2 Die folgende Antwort ist wesentlich weniger förmlich. Füllen Sie die Lücken:

______________ for the invitation ______________ dinner.
I ______________ I won't ______________ to make it as I am going on holiday next week.

3 Vervollständigen Sie diese informelle Zusage:

Thank ______________ very much ______________ to spend a weekend in Amsterdam. We ______________ delighted to ______________ .

▶ Lösung auf Seite 167

17 Geschäftliche Mitteilungen

Herr Müller ist sehr stolz: Luxiphon wurde zum offiziellen Lieferanten der Britischen Botschaft bestimmt. Hiervon möchte er auf jeden Fall die Kundschaft in Kenntnis setzen!

LUXIPHON Magdeburger Straße 250 · 10785 Berlin · Tel. 030-33 44 5500 · Fax 030-33 44 5587
mail@luxiphon.de · www.luxiphon.com

Purchasing Department
Barnes & Sons
100 Greyson Gardens
London W1 SQ2

Jens Müller
Tel: +49 (0)30 33 44 5507
Fax: +49 (0)30 33 44 5587
Email: j.mueller@luxiphon.de

2nd July 20...

1 ____________________

2 ____________________ that our company has recently been accepted as official supplier to the British Embassy in Germany.

This prestigious contract 3 ____________________ the excellent quality and service 4 ____________________ our customers. To mark the event we are offering special prices on our Mars and Retro ranges if 5 ____________________ before 1st August. We are sending you our latest catalogue 6 ____________________ .

We look forward to maintaining the special relationship we have with our customers and to continuing to 7 ____________________ the prompt service and quality products 8 ____________________ .

9 ____________________

J. Müller

J Müller
Sales Manager

Brief 24: Lösung auf Seite 160

Helfen Sie ihm, seine Mailing-Aktion vorzubereiten:

1 *Die Anrede:*
Dear Sir
Dear Sir / Madam
Dear Customer

2 *Eine Nachricht ankündigen:*
We are announcing
We are pleased to announce
This is just to let you know

3 *Eine Begründung anführen:*
is because
was rewarded for
is recognition of

4 *„wir sind immer bemüht, ... anzubieten":*
we give
we always strive to offer
we are offering

5 *„(wenn) Sie Ihre Bestellung aufgeben":*
you place your order
you give your order
you pass your order

6 *„mit getrennter Post":*
enclosed
soon
under separate cover

7 *Die Kundschaft beliefern:*
give them
furnish them with
provide them with

8 *Die Gewohnheiten der Kunden ansprechen:*
they are accustomed to
which they are accustomed
they want

9 *Die Grußformel:*
Best wishes
Yours faithfully
Yours sincerely

Textbausteine

Ein Ereignis ankündigen

We are writing to inform you that Mr Hampshire will be retiring as Chairman of the Board in June.	Hiermit informieren wir Sie, dass Herr Hampshire im Juni aus seiner Position als Vorstandsvorsitzender ausscheiden wird.
You will be interested to know that we have just introduced / brought out our new range of DIY products.	Es wird Sie interessieren, dass wir gerade unser neuestes Sortiment an Heimwerkerprodukten herausgebracht haben.
We have pleasure in announcing the opening of our new High Street branch.	Wir freuen uns, die Eröffnung unserer neuen Zweigstelle im Stadtzentrum bekannt geben zu können.
We are pleased to inform / notify you of the recent merger of our company with Matsita Computers Ltd.	Wir freuen uns, Ihnen die kürzlich vollzogene Fusion unserer Firma mit Matsita Computers mitteilen zu können.
May we draw your attention to the long-awaited arrival of our new "Fun Pens"?	Wir möchten Sie darauf aufmerksam machen, dass unsere lang erwarteten „Fun"-Schreiber jetzt eingetroffen sind.

We are pleased to be able to give you details of our brand-new model of vacuum cleaner.	Wir freuen uns, Sie in allen Einzelheiten über unser allerneuestes Staubsaugermodell informieren zu können.
We are delighted to introduce to you our brand-new range of office furniture.	Wir freuen uns sehr, Ihnen unsere allerneueste Büromöbelserie vorstellen zu können.

Auf ein Sonderangebot aufmerksam machen

To mark the event we are offering...	Zu diesem Anlass bieten wir ...
... special prices on our... *(product)*.	... Sonderpreise für unser(e) ... .
... a special discount for all orders exceeding €500.	... einen Sonderrabatt auf alle Bestellungen über € 500.
... a discount of 3 % if you place your order before 1st May.	... einen Rabatt von 3 %, wenn Sie Ihre Bestellung vor dem 1. Mai aufgeben.
To mark the occasion we are making offering of a free gift with every order.	Aus diesem Anlass erhalten Sie gratis zu jeder Bestellung ein Geschenk.

Vorteile und Besonderheiten hervorheben

As a result of this merger we are able to offer you a much wider range of products and significant price reductions.	Infolge dieser Fusion können wir Ihnen eine wesentlich breitere Produktpalette und beträchtliche Preisnachlässe gewähren.
You will find this new version of the... *(product)* even more accurate / efficient / attractive / economical / user-friendly / reliable.	Sie werden feststellen, dass diese neue Variante von ... *(Produkt)* sogar noch genauer / leistungsfähiger / attraktiver / wirtschaftlicher / anwenderfreundlicher / zuverlässiger ist.
Our new branch has the added advantage of being situated right in the heart of the business district.	Unsere neue Zweigstelle bietet zusätzlich den Vorteil, dass sie mitten im Geschäftsviertel liegt.
Our products are renowned for their ingenious design, high quality and competitive prices.	Unsere Produkte sind für ihr originelles Design, ihre hohe Qualität und konkurrenzfähige Preise bekannt.

Dank sagen

It came to my notice recently that, we have done business together for fifteen years and your company is one of our oldest customers. I would like to take this opportunity to thank you for your regular patronage. We also very much appreciate your continued contribution to the prosperity of our business through your recommendations to potential customers.	Kürzlich stellte ich fest, dass Ihre Firma nach 15-jähriger geschäftlicher Zusammenarbeit einer unserer ältesten Kunden ist. Ich möchte diese Gelegenheit nutzen, um Ihnen für Ihre langjährige Treue zu danken. Auch wissen wir es sehr zu schätzen, dass Sie durch die Weiterempfehlung an potenzielle neue Kunden zur Prosperität unserer Firma beigetragen haben.

Anmerkungen

- **We are offering** wird vorzugsweise verwendet, wenn es sich um ein zeitlich begrenztes Angebot handelt, **we offer**, wenn das Produkt immer zur Angebotspalette gehört.
- Beachten Sie, dass die unterschiedliche Position der Präposition **to** in den nachfolgenden Beispielen einen Unterschied in der Sprachebene anzeigt:
  formell = **TO which they are accustomed**
  informell = **which they are accustomed TO**

Sie sind dran!

1 Weshalb wird hier welcher Nachlass angekündigt? Ergänzen Sie:

You will be ____________ that we have just brought out a new ____________ of acoustic filter systems. To ____________ the occasion, we ____________ a discount on all orders ____________ €2000.
We ____________ you our latest catalogue ____________ separate cover.

2 Vervollständigen Sie folgende Mitteilung über einen Unternehmenszusammenschluss:

We ____________ to announce the merger of ____________ with United Motors Ltd. As ____________ of this merger we ____________ to offer a much wider ____________ of cars at reduced ____________ .

3 In dieser Mitteilung wird mit Rabatten anlässlich der Eröffnung eines neuen Werks gelockt. Wie muss es korrekt heißen?

To mark the opening of ____________ factory ____________ Utrecht, we ____________ 5 % off list-price if ____________ your order within the next month.

4 Füllen Sie die Lücken in dieser Ankündigung eines Haarspray-Herstellers:

You ____________ interested to know that we have recently brought ____________ our ____________ -new selection ____________ climate-neutral hairsprays.
You ____________ find this improved formula ____________ the hairspray ____________ economical and easy to use.

▶ Lösung auf Seite 168

18 Persönliche Korrespondenz

Herr Müller erfährt, dass seine Ansprechpartnerin bei Electron, Angela Johnson, zu der sich im Laufe der geschäftlichen Kontakte ein freundschaftliches Verhältnis ergeben hat, kürzlich zur Europabeauftragten ihrer Firma befördert wurde. Er schickt ihr Glückwünsche.

Subject:	**Congratulations!**
Date:	18.09.20...
From:	j.mueller@luxiphon.de
To:	a.johnson@electron.co.uk (Angela Johnson)

1 ____________

2 ____________ to learn that you 3 ____________ Regional Manager for Europe. 4 ____________ in your new position, for which I am sure you have exactly 5 ____________ and experience.

My colleagues 6 ____________ our warmest congratulations, and we look forward to 7 ____________ .

8 ____________

Jens Müller

Luxiphon GmbH
Jens Mueller
Sales Manager
Magdeburger Straße 250
10785 Berlin
Deutschland/Germany
Tel +49 (0)30 3344 5507
Fax +49 (0)30 3344 5587
Email: j.mueller@luxiphon.de

▶ E-Mail 25: Lösung auf Seite 160

Helfen Sie ihm, seine Glückwünsche in die richtige schriftliche Form zu bringen:

1 *Die Anrede:*
Dear Madam
Dear Angela
To whom it may concern

2 *Welche Zeitform ist richtig?*
I was delighted
I have been delighted
I would be delighted

3 *„ernannt worden sind“:*
have become
have been positioned
have been appointed

4 *Erfolg wünschen:*
I hope you will be successful
May I wish you every success
May your success be great

5 *Kompetenz anerkennen:*
the good qualities
the right qualities
the best qualities

6 *Gemeinsame Wünsche schicken:*
send you
join me in wishing you
join me in sending you

7 *„unsere langjährige Zusammenarbeit fortzusetzen“:*
continuing our long association
your continued custom
your next order

8 *Die Grußformel:*
Yours faithfully
With best wishes
Yours sincerely

Textbausteine

Glückwünsche aussprechen

I am writing to send you my warmest congratulations on your recent promotion to... *(position)*.	Hiermit möchte ich Ihnen meine herzlichsten Glückwünsche zu Ihrer kürzlich erfolgten Beförderung zum / zur ... *(Stelle)* übermitteln.
We were pleased to hear of your appointment to the presidency of the company, and wish you every success.	Wir haben uns gefreut zu hören, dass Sie in den Vorstand der Firma berufen wurden, und wünschen Ihnen allen erdenklichen Erfolg.
We have just heard the good news. Many congratulations from all of us here to you and your wife / husband / partner on the birth of your baby.	Wir haben soeben von dem freudigen Ereignis gehört. Ihnen und Ihrer Frau / Ihrem Mann die herzlichsten Glückwünsche von uns allen zur Geburt Ihres Kindes.
Please accept our heartiest congratulations.	Wir senden Ihnen unsere herzlichsten Glückwünsche.
We would like to send you our congratulations on the occasion of your golden wedding anniversary / your company's hundredth anniversary.	Wir möchten Ihnen zu Ihrer Goldenen Hochzeit / zum 100-jährigen Bestehen Ihrer Firma unsere Glückwünsche übermitteln.

Gute Wünsche zum Jahreswechsel

We send you and your family our very best wishes for a happy Christmas and a prosperous New Year.	Wir wünschen Ihnen und Ihrer Familie ein frohes Weihnachtsfest und ein glückliches neues Jahr.
Best wishes for Christmas and the New Year. / Merry Christmas and a Happy New Year.	Frohe Weihnachten und ein glückliches neues Jahr.
We would like to take this opportunity of thanking our customers for their continued patronage and of sending them our best wishes for Christmas and the New Year.	Bei dieser Gelegenheit möchten wir allen unseren Kundinnen und Kunden für ihre Treue danken und ihnen ein schönes Weihnachtsfest und alles Gute fürs neue Jahr wünschen.

Willkommensgrüße

Welcome to Singapore. I hope you have found a suitable house and are settling in well. Should you be in need of anything, please do not hesitate to contact me at the above address.	Willkommen in Singapur. Ich hoffe, Sie haben ein geeignetes Haus gefunden und leben sich gut ein. Sollten Sie irgendetwas benötigen, so zögern Sie bitte nicht, mich unter der obigen Adresse zu kontaktieren.

Kondolenzschreiben

May I offer you my sincere condolences? If there is anything I can do to help, please do not hesitate to let me know.	Ich möchte Ihnen mein aufrichtiges Beileid ausdrücken. Wenn ich irgendetwas für Sie tun kann, so lassen Sie es mich bitte sofort wissen.
I was deeply distressed to hear of the sudden death of Mr Hargreaves, whom we knew as an outstanding member of your staff and a good friend. All of us at Sunbeam Associates would like to convey our sincere sympathy to his family and friends.	Die Nachricht vom plötzlichen Tod von Herrn Hargreaves, den wir alle als hervorragenden Mitarbeiter Ihres Teams und als guten Freund kannten, hat mich tief erschüttert. Wir alle von Sunbeam Associates möchten seiner Familie und seinem Freundeskreis unser tiefstes Mitgefühl ausdrücken.
We were deeply sorry to hear about Janet's tragic death. It is a great loss to all who knew her. Would you be so kind as to pass on our condolences to her husband and family. You have the deepest sympathy of everyone on our staff.	Die Nachricht von Janets tragischem Tod hat uns mit tiefer Trauer erfüllt. Er bedeutet einen großen Verlust für alle, die sie kannten. Bitte seien Sie so freundlich, ihrem Mann und ihrer Familie unser Beileid zu übermitteln. Seien Sie des tiefsten Mitgefühls unserer gesamten Belegschaft versichert.

Genesungswünsche

I was sorry to hear that you have been taken ill. I trust that it is nothing too serious. In the meantime, please accept my very best wishes for a complete and speedy recovery.	Es tat mir leid zu erfahren, dass Sie erkrankt sind. Ich hoffe, es ist nichts allzu Ernstes, und wünsche Ihnen einstweilen, dass Sie sich schnell und vollständig erholen.
We were all very sorry to hear about your accident. However, we were relieved to learn that you are over the worst and are likely to be back at the office next month. In the meantime, we all send our best wishes for a speedy recovery.	Es tat uns allen sehr leid, von Ihrem Unfall zu erfahren. Wir waren jedoch sehr erleichtert zu hören, dass Sie das Schlimmste überstanden haben und wahrscheinlich (bereits) nächsten Monat wieder im Büro sein werden. Fürs Erste senden wir Ihnen alle unsere besten Wünsche für eine schnelle Genesung.
I trust you are feeling better, and send you my best wishes for a speedy recovery.	Ich hoffe, es geht Ihnen besser, und wünsche Ihnen baldige Genesung.
We were glad to hear that you are making good progress.	Wir freuten uns zu erfahren, dass Sie gute Fortschritte machen.

Anmerkungen

- Merken Sie sich, dass **to be appointed** dem deutschen „ernannt werden" entspricht, **appointment** dagegen hat mehrere Bedeutungen: einerseits kann es „Termin" oder „Verabredung" heißen, andererseits aber auch „Ernennung" oder „Anstellung".
- Beachten Sie auch, dass die Wendung „(eine Neuigkeit) erfahren" im Englischen entweder durch **to learn** oder durch **to hear** ausgedrückt werden kann:
I was sorry to learn / hear that... .

Sie sind dran!

1 Wie würden Sie die Genesungswünsche formulieren?

I was ________________ to ________________ that you have been taken ill. Please ________________ my very best wishes for ____________________ recovery.

2 Vervollständigen Sie dieses Kondolenzschreiben:

We were deeply sorry to hear ___________________ Henry's tragic death. Please _________ _________ our sincere condolences ___________________ his wife and family.

3 Wie drücken Sie korrekt Ihren Dank aus?

It came to my notice recently __________________________ after 15 years __________________ business together, your company __________________ become one of __________________ oldest customers. I __________________ to take the opportunity of ___________________ you for __________________ regular patronage.

4 Bringen Sie Ihre Glückwünsche zum Ausdruck und füllen Sie die Lücken:

I ___________________ to learn _______________ you have been appointed Sales Manager. _________________ wish you _____________________ in your ___________________ position. With ___________________ wishes.

▶ Lösung auf Seite 168

19 Mängel und Reklamationen

Herr Müller erhält von einem Kunden eine Schadensmeldung wegen defekter Ware, die kürzlich von Luxiphon verschickt wurde. Glücklicherweise ist es ein höfliches Fax ...

Subject: **Damaged consignment**
Date: Fr 03.10.20... 11:32
From: g.brown@himes.uk
To: j.mueller@luxiphon.de

Dear Mr Müller,

1 ____________________ this morning of our order no. 671B.

2 ____________________, some of the crates were damaged, and on unpacking them we found a number of breakages. We would suggest this is due either to 3 ____________________ or to an accident in transit.

As sale was on a cif basis, we presume 4 ____________________ from the carrier.

We estimate the value of the damage at around €2,500.

We will, of course, be keeping the damaged crates and their contents

5 ____________________. 6 ____________________ the guarantee, we would be most grateful if you could 7 ____________________ for the damaged items. A list of these is enclosed.

We must ask you to 8 ____________________ as this delay is

9 ____________________.

We look forward to an early reply.

Yours sincerely
G Brown

HIMES Associates
George Brown
Purchasing Department
251 Northern Road
Manchester M8 4BB
England
Phone: +44 (161) 2299210
Mobile: +44 172 4587867
Email: g.brown@himes.uk.
www.himes.com

▶ E-Mail 26: Lösung auf Seite 160

Vervollständigen Sie die Reklamation mit Hilfe folgender Begriffe:

1 *Den Erhalt der Lieferung bestätigen:*
We took delivery
We were delivered
We had received delivery

2 *Sein Bedauern ausdrücken:*
We regret that
We were sorry that
Regrettably

3 *Eine Erklärung anbieten:*
your having packed them wrongly
a serious error committed by the packers
inadequate packing

4 *Eine Schadensregulierung vorschlagen:*
you will be getting compensation
you will be claiming compensation
you would insist on compensation

5 *Eine Schadensinspektion vorschlagen:*
as evidence
for inspection
as a control

6 *An die Garantie erinnern:*
As we agreed when signing
As you are bound by
Under the terms of

7 *Schadensersatz verlangen:*
make sure we get replacements
send a replacement
give us money

8 *Um eine schnelle Abwicklung bitten:*
hurry up
get it done quickly
attend to the matter with the utmost urgency

9 *Unannehmlichkeiten ansprechen:*
a real nuisance to us
causing us great inconvenience
a problem

Textbausteine

Wegen einer Lieferverzögerung reklamieren

The goods we ordered on 5th January (order no. GH550) have not yet arrived.	Die Ware, die wir am 5. Januar bestellt haben (Bestell-Nr. GH550), ist noch nicht eingetroffen.
We have not yet received our order no. 66 which we understood was shipped on 6th March.	Wir haben die bestellte Ware (Bestell-Nr. 66) noch nicht erhalten, von der wir annahmen, sie sei am 6. März verschickt worden.
We regret to inform you that our order no. GH550, which should have been delivered on 1st April, is now considerably overdue.	Leider müssen wir Ihnen mitteilen, dass sich die Lieferung (Bestell-Nr. GH550), die am 1. April hätte bei uns eingehen sollen, erheblich verspätet hat.
Please look into the non-delivery of the 500 desklamps which we ordered on November 25th.	Bitte prüfen Sie, warum die 500 Schreibtischlampen, die wir am 25. November bestellt haben, noch nicht geliefert wurden.

We still have not received the goods we ordered on March 12th. As this order was placed on condition that we received the consignment before 15th April, we will be obliged to take our custom elsewhere.	Wir haben die am 12. März bestellte Ware immer noch nicht erhalten. Da diese Bestellung unter der Bedingung erfolgte, dass wir die Lieferung vor dem 15. April erhalten würden, sehen wir uns gezwungen, unsere Ware von anderer Stelle zu beziehen.

Schäden nach Auslieferung der Ware melden

We took delivery on 2nd December of our order no. 51. However, several crates were missing, and others had been damaged.	Am 2. Dezember erhielten wir Ihre Lieferung (Bestell-Nr. 51). Jedoch fehlten einige Kisten und andere waren defekt.
Upon receipt of our order no. 777 we found that the boxes had been broken open and some items removed.	Bei Entgegennahme Ihrer Lieferung (Bestell-Nr. 777) stellten wir fest, dass die Kisten aufgebrochen und einige Teile entfernt worden waren.
Our consignment of... was stolen in transit.	Der / Die / Das von uns bestellte(n) ... wurde(n) während des Transports gestohlen.
We regret to report that our consignment of... was delivered this morning in an unsatisfactory condition. A detailed list of the damaged items is enclosed.	Wir müssen Ihnen leider mitteilen, dass der / die / das von uns bestellte[n] ... uns heute Morgen in mangelhaftem Zustand zugestellt wurde(n). Eine detaillierte Aufstellung aller beschädigten Teile liegt bei.

Eine zweite Reklamation / Beschwerde formulieren (mit größerem Nachdruck)

I am extremely concerned about your failure to deliver the consignment of spare parts promised for March 20th.	Ich bin sehr darüber besorgt, dass Sie nicht in der Lage sind, die für den 20. März zugesicherte Ersatzteillieferung vorzunehmen.
I feel I should point out that this is not the first time we have had to complain for a similar reason, and although I appreciate there may be a valid explanation for the delay, I cannot allow our production schedules to be disrupted.	Ich möchte betonen, dass dies nicht das erste Mal ist, dass wir Grund zu einer ähnlichen Beschwerde haben. Obwohl es möglicherweise eine stichhaltige Erklärung für diese Verzögerung gibt, kann ich es nicht zulassen, dass dadurch unser Produktionsplan durcheinandergebracht wird.
I would be reluctant to have to change suppliers in the hope of better service.	Ich würde nur ungern in der Hoffnung auf einen besseren Service zu einem anderen Anbieter überwechseln.

The disruption to our production caused by your company's inefficiency has been most serious and we have been forced to supply our needs from another manufacturer at considerable inconvenience.	Die aufgrund der Inkompetenz Ihrer Firma eingetretene Produktionsunterbrechung hat uns in ernste Schwierigkeiten gebracht. Wir sind deshalb, auch wenn uns dies größte Unannehmlichkeiten verursacht, gezwungen, unseren Bedarf bei einem anderen Lieferanten zu decken.

Die infolge der Schadensfeststellung unternommenen Schritte

We have marked the delivery slip accordingly.	Wir haben eine entsprechende Notiz auf dem Lieferschein vermerkt.
We have reported the damage to the carriers and will be keeping the damaged crates and their contents for inspection.	Wir haben dem Spediteur den Schaden gemeldet und behalten vorläufig die defekten Kisten und ihren Inhalt zwecks Überprüfung.
We have had a survey of the damage carried out. A copy of the report has been sent to our insurance company.	Wir haben eine Schadensaufnahme machen lassen. Eine Kopie des Gutachtens wurde unserer Versicherung zugeschickt.

Erklärungen geben

Delivery was delayed as the goods were sent to our previous address.	Die Auslieferung hat sich verzögert, weil die Ware an unsere alte Adresse geschickt wurde.
The goods were damaged due to inadequate packing.	Die Waren wurden wegen unsachgemäßer Verpackung beschädigt.
The consignment was incorrectly labelled.	Der Auftrag war falsch beschriftet.

Lösungen anbieten

We would be grateful if you could arrange for replacements of the following articles to be sent as soon as possible.	Wir wären Ihnen dankbar, wenn Sie sobald wie möglich für eine Ersatzlieferung folgender Artikel sorgen könnten.
Please arrange for reimbursement of the value of the damaged goods.	Bitte sorgen Sie für die Rückerstattung des Werts der beschädigten Ware.
We are returning the articles in question. Please credit us with the value of the returned goods.	Wir schicken die betreffenden Artikel zurück. Bitte schreiben Sie uns den Wert der zurückgegebenen Waren gut.
We are prepared to keep these unsuitable goods, but at a substantially reduced price.	Wir sind bereit, diese für uns ungeeignete Ware zu behalten, jedoch nur zu einem großzügig reduzierten Preis.
If you were to deduct the sum of £50 from our next order, we would consider the matter closed.	Wenn Sie bereit sind, uns bei unserer nächsten Bestellung £50 zu erlassen, betrachten wir die Angelegenheit als erledigt.

Auf einen Fehler bei der Zusammenstellung des Auftrags hinweisen

We would like to draw your attention to the fact that, of the items supplied, one lot was the wrong colour and another was a larger size than ordered. We are returning both lots and would ask you to send replacements as soon as possible.	Wir möchten Sie darauf hinweisen, dass bei der gelieferten Ware eine Partie die falsche Farbe hatte und eine andere eine größere Größe als bestellt. Wir senden beide Partien zurück und bitten Sie um schnellstmöglichen Ersatz.
We were surprised to find that the order was only partially delivered. Would you please look into this / check this for us?	Wir waren überrascht, dass nur ein Teil der Ware geliefert wurde. Wir bitten Sie, sich um die Angelegenheit zu kümmern.

Eine Rechnung zurückweisen

When we checked your invoice no. 900, we found that our figures do not tally / match with yours.	Bei der Prüfung Ihrer Rechnung Nr. 900 stellten wir fest, dass Ihre Zahlen nicht mit unseren übereinstimmen.
It appears that in invoice no. 88 you have failed to credit us with the agreed discount of 2 %.	Es scheint, dass Sie es in Rechnung Nr. 88 versäumt haben, uns die zugesagten 2 % Skonto zu gewähren.
We notice that you have charged for extra insurance coverage which was not stipulated in the original agreement.	Wir stellen fest, dass Sie uns zusätzliche Versicherungskosten berechnen, die im Originalvertrag nicht abgesprochen waren.
We would like to query the charge for packing which seems unusually high.	Wir möchten um eine Erklärung bezüglich der Verpackungsgebühren bitten, die uns ungewöhnlich hoch erscheinen.
We have noticed a number of discrepancies in your latest invoice. We would be grateful if you would look into this and forward us a modified invoice.	In Ihrer letzten Rechnung stießen wir auf einige Ungereimtheiten. Wir wären Ihnen dankbar, wenn Sie sie überprüfen und uns eine korrigierte Rechnung schicken könnten.

Sich über schlechten Service beschweren

I regret to have to complain about the appalling service I received from one of your maintenance engineers last week. Not only did he arrive three hours late, but he failed to clean up after repairing the machine and was extremely rude.	Ich bedaure es, mich über den miserablen Service einer Ihrer Wartungsingenieure beschweren zu müssen, der mich letzte Woche aufsuchte. Er erschien nicht nur drei Stunden zu spät, sondern war auch nicht bereit, die Maschine sauber zu machen, die er repariert hatte. Außerdem war er noch extrem unhöflich.

Anmerkungen

- Bei einer Reklamation ist es angebracht, folgende Schritte einzuhalten:
  - Genau erklären, worum es sich handelt: **I am writing with reference to...** ./ **Yesterday we received our order no. ...** .
  - Das Problem darlegen und eine mögliche Erklärung anbieten.
  - Eine Lösung vorschlagen (Kostenerstattung, Ersatz usw.).
- Beachten Sie den Gebrauch von **under** in der Wendung **under the terms of the contract**, die hier die gleiche Bedeutung hat wie **according to**.
- **Appalling** sollten Sie nur verwenden, wenn Sie mit etwas extrem unzufrieden sind („miserabel, entsetzlich"). Weniger scharf wären beispielsweise **unsatisfactory** oder **poor**.

Sie sind dran!

1 Reklamieren Sie das Fehlen verschiedener Posten:

Order no. 45 ______________ yesterday. When we ______________ the crates we found that several items were missing. A list of the missing articles is ______________ . Please arrange for ______________ of these goods to ______________ as soon as possible.

2 Füllen Sie die Lücken in dieser Beschwerde wegen Lieferverzögerung:

We ______________ to inform you that our order no. 89 ______________ not arrived. This ______________ is causing us great ______________ as we have a very tight production ______________ .

3 Eine zweite Reklamation wegen Verzögerungen erfolgt mit mehr Nachdruck. Ergänzen Sie:

I am extremely ______________ your repeated failure to ______________ our consignments on time. If there is no improvement I am ______________ we shall have to take our custom elsewhere.

4 Wie weist man eine Rechnung zurück? Setzen Sie die fehlenden Begriffe ein:

I ______________ to your invoice no. 789, in which we have noticed a number of ______________ . I would ______________ you would look into this and ______________ us a ______________ invoice.

▶ Lösung auf Seite 168

20 Reklamationen beantworten

Herr Müller beantwortet per Fax die Reklamation, die ihm Herr Graham Brown geschickt hat.

Subject: **Damaged consignment**
Date: Mo 06.10.20... 08:44
From: j.mueller@luxiphon.de
To: g.brown@himes.uk

1 ____________________

We were 2 ____________________ your email of October 3rd that the consignment of microphone sets was 3 ____________________ .
We 4 ____________________ this has caused you.
Upon investigation, we have ascertained that the consignment was packed 5 ____________________, which 6 ____________________ is more than adequate for a journey of the kind undertaken. Any damage 7 ____________________ is the responsibility of the carrier, and we have 8 ____________________ our insurance company, who will be contacting you shortly.
I have asked one of our agents to arrange to call at your 9 ____________________ to inspect the damage. In the meantime, a replacement for the damaged articles was dispatched today.
Once again, 10 ____________________ for the inconvenience caused, and trust that you will find the replacements 11 ____________________ .

Yours sincerely

J Mueller
Sales Manager

▶ E-Mail 27: Lösung auf Seite 160

Helfen Sie ihm, mit Hilfe folgender Begriffe eine Entschuldigung zu formulieren:

1 *Die Anrede:*
Dear Sir
Dear Graham
Dear Mr Brown

2 *Sorge ausdrücken:*
concerned to learn from
interested to hear in
very angry to read in

3 *Auf eine beschädigte Lieferung hinweisen:*
in a bad way when it arrived
damaged on arrival
broken in transit

4 *Sein Bedauern ausdrücken:*
are very sorry that the problems
send our most humble apologies for the trouble
very much regret the inconvenience

5 *„in der üblichen Weise":*
in the usual manner
like always
usually

6 *„gemäß unserer Erfahrung":*
as far as we are concerned
as far as we know
in our experience

7 *Welche Zeitform ist richtig?*
occurring in transit
to occur in transit
that will occur in transit

8 *Eine Angelegenheit weiterleiten:*
transferred to
handed the matter over to
given the affair to

9 *„die Geschäftsräume / das Anwesen":*
house
factory
premises

10 *Sich entschuldigen:*
please accept our most humble apologies
sorry
we apologize

11 *Für die Zufriedenheit des Kunden garantieren:*
fine by you
OK
satisfactory

Textbausteine

Den Erhalt einer Reklamation bestätigen

We have received your letter of... telling us that... .	Wir haben Ihren Brief / Ihr Schreiben vom ... erhalten, in dem Sie uns mitteilen, dass ... .
We were concerned to learn from your letter of... that... .	Wir waren besorgt, als wir aus Ihrem Brief vom ... erfuhren, dass ... .
Thank you for your letter of... informing us that... .	Vielen Dank für Ihren Brief vom ..., der uns davon in Kenntnis setzte, dass ... .
We were sorry to hear that... .	Es tat uns leid erfahren zu müssen, dass ... .

Lieferverzögerungen erklären

We are sorry we have not yet been able to deliver your order no. 543. This is due to industrial action at our factory in Lyon. Delivery will take place as soon as the strike is over.	Wir bedauern, dass wir die von Ihnen bestellte Ware (Bestell-Nr. 543) wegen eines Arbeitskampfes in unserer Fabrik in Lyon noch nicht liefern konnten. Sobald der Streik beendet ist, wird die Lieferung erfolgen.
We apologize for the delay, but our warehouse was recently damaged by fire. We will be able to deliver in three weeks' time.	Wir entschuldigen uns für die Verzögerung, aber unser Lager wurde kürzlich durch ein Feuer beschädigt. Wir werden in drei Wochen liefern können.
Please accept our sincere apologies for this delay and the trouble it has caused you. We have arranged for a replacement to be dispatched immediately.	Wir bitten Sie sehr, die Verzögerung und die Schwierigkeiten, die Ihnen dadurch entstanden sind, zu entschuldigen. Wir lassen Ihnen umgehend Ersatzware zugehen.
The delay is due to customs complications which are holding up all shipments to the United States. We are doing everything in our power to make sure this consignment arrives as soon as possible.	Die Verzögerung ist durch Komplikationen beim Zoll bedingt, von denen alle Lieferungen in die USA betroffen sind. Wir tun alles, was in unserer Macht steht, um zu gewährleisten, dass diese Lieferung so bald wie möglich ankommt.
Since this delay is beyond our control we cannot assume any liability, but your claim has been passed on to our insurance company, who will get in touch with you in due course.	Da diese Verzögerung nicht durch uns verschuldet wurde, können wir keine Haftung übernehmen. Ihre Ansprüche wurden jedoch an unsere Versicherung weitergeleitet, die sich zu gegebener Zeit mit Ihnen in Verbindung setzen wird.

Fehler einräumen

We greatly regret having given you cause for complaint. The discrepancy in our invoice was due to a clerical error. It has now been rectified and we enclose our modified invoice / a credit note.	Es tut uns sehr leid, Ihnen Anlass zur Beschwerde gegeben zu haben. Die Ungereimtheiten in unserer Rechnung waren Folge eines Bearbeitungsfehlers. Wir haben dies berichtigt und fügen die geänderte Rechnung / eine Gutschrift bei.
We have investigated the cause of the problem and have found that a mistake was made because of an accounting error / a typing error. This has now been corrected.	Wir sind der Ursache des Problems nachgegangen und mussten feststellen, dass der Irrtum aufgrund eines Buchungsfehlers / eines Tippfehlers entstanden war. Dieser wurde mittlerweile korrigiert.

Maßnahmen ankündigen

We were sorry to learn of the unsatisfactory service you experienced from our maintenance engineer. Your annoyance is quite understandable. We have started enquiries to discover the cause of the problem.	Es tat uns leid zu erfahren, dass Sie mit dem Service unseres Wartungsingenieurs nicht zufrieden waren, und Ihr Ärger ist sehr verständlich. Wir haben Nachforschungen eingeleitet, um die Ursache des Problems herauszufinden.
If you are prepared to keep the damaged goods, we will invoice them at a reduced rate / at 50 % of the list price.	Wenn Sie bereit sind, die beschädigte Ware zu behalten, werden wir sie Ihnen zu einem reduzierten Preis / mit einer Ermäßigung von 50 % des Listenpreises berechnen.
We have taken the matter up with the forwarding agents and will inform you of the results.	Wir sind dabei, die Angelegenheit mit dem Spediteur zu besprechen, und werden Sie vom Ergebnis in Kenntnis setzen.
We have now taken steps to ensure that such a misunderstanding does not occur in future.	Wir haben mittlerweile Schritte unternommen, um sicherzustellen, dass ein derartiges Missverständnis in Zukunft nicht mehr vorkommt.

Anmerkungen

- Einige besonders wichtige Wörter:
  to be concerned: besorgt / betroffen sein
  the consignment: der Auftrag / die Lieferung
  the delay: die Verzögerung
  the carrier: der Spediteur
  the premises: die Geschäftsräume, das Anwesen
  to apologize: sich entschuldigen
  a clerical error: ein Bearbeitungsfehler
  the liability: die Haftung
- Beachten Sie die Wendung **on arrival**, die dem deutschen „bei Erhalt / Ankunft" entspricht.

Sie sind dran!

1 Bestätigen Sie den Erhalt der Reklamation und kündigen Sie Ersatz an:

We were ______________ to learn ______________ your email ______________ 5th June that the ______________ of porcelain plates was damaged on arrival. We have arranged ______________ a replacement to be ______________ immediately.

2 Der Irrtum ist im folgenden Fall auf ein Versehen in der Versandabteilung zurückzuführen. Ergänzen Sie die fehlenden Begriffe:

We have ______________ that a mistake was ______________ in our dispatch ______________. We ______________ for the inconvenience this has ______________ you, and will ______________ the missing goods as soon as possible.

3 Vervollständigen Sie auch diese Erklärung von Lieferverzögerungen:

Please accept our sincere ______________ for the delay, which is due ______________ strikes in this country. We are ______________ ______________ in our power to ______________ this consignment ______________ as soon as possible.

4 Hier hatte der Fehlerteufel in einer Rechnung zugeschlagen. Füllen Sie die Lücken in der Entschuldigung:

We ______________ giving you cause ______________. The discrepancy was ______________ a typing error, which has now been ______________. We enclose a ______________ invoice.

▶ Lösung auf Seite 168

21 Stellenangebote und Bewerbungen

Aufgrund der vielen zusätzlichen Aufträge, die infolge der Messe eingingen, und weil die Firma Luxiphon expandieren möchte, braucht Herr Müller Unterstützung. Er setzt eine Anzeige für eine Online-Stellenbörse auf.

LUXIPHON Magdeburger Straße 250 · 10785 Berlin

Job location:
Berlin, Germany

Job Type:
Full time, employee

Monthly Salary:

Executive Assistant / Marketing Coordinator Career Opportunity

This role will be split between supporting the Sales Manager with travel arrangements, expense reports, business analysis, calendar management and assisting in the management of marketing, advertising and promotional activities.

Responsibilities: (Executive Assistant - 50%)
- Produce information by transcribing, formatting, inputting, editing, retrieving, copying, and transmitting text, data, and graphics
- Conserve executive's time by reading, researching, and routing correspondence; drafting letters and documents
- Prepare expense reports to submit to accounting
- Maintain executive's appointment schedule by planning and scheduling meetings, conferences, teleconferences, and travel

Responsibilities: (Marketing- 50%)
- Support marketing in implementing tactical programs and provide project and administrative support
- Assist in production of advertising, marketing brochures, sales kits or other promotional materials
- Assist in planning and execute marketing events such as trade shows and conferences
- Coordinate web content updates to our website including social media platforms

Full-time; direct hire, €45,000 - €48,000 depending on experience
We are also open-minded about hybrid and remote work models, or working part-time.

Qualifications:
- Bachelor's Degree essential
- Minimum of 2 years' experience in international business and executive support
- Highly confidential and excellent professional demeanour
- Excellent communication, organizational and administrative skills
- Fluent in English and German

Desired Skills and Experience:
Proficient in Social Media; Marketing; Microsoft Excel, Word and PowerPoint; Event Planning and Management; and Advertising

Application:
Please email your application and confidential CV to mail@luxiphon.de, include the contact details for two referees and indicate your availability for a skype video interview.

Luxiphon is a manufacturer of sound technology in Europe.
"We believe in our partners and our people, and they believe in us!"

Subject:	**Application for the position of Executive Assistant/Marketing Coordinator**
Date:	04.11.20......
From:	Sabine Strobel
To:	mail@luxiphon.de
Cc:	
Attachment:	CV, Qualifications, Reference Letters

Dear Sir or Madam,

I would like 1 _____________ for the position of Executive Assistant / Marketing Coordinator 2 _____________ on eurojobs.com on November 3rd.

I joined Eventical in Stockholm 3 _____________ from The University of America, Business School, in Washington DC. During the two year post-graduate program I 4 _____________, first in the accounting and then in the export department. 5 _____________ in the marketing department, and have acquired detailed product knowledge of technical event equipment. The quality of Luxiphon merchandise presented at the trade fair in Birmingham this year impressed me and I was 6 _____________ to see the new Mars and Retro models.

I realised I enjoy marketing when 7 _____________ for an events management agency in order to 8 _____________. In addition to regular office duties, I was involved in the planning, advertising and organisation of high-profile events for up to 1,000 guests; my bilingual language skills and professional conduct were often required at receptions for the German Embassy and corporate events.

I am moving back to Berlin in December to be nearer my family and would very much welcome the opportunity to 9 _____________ in the field of event technology in a challenging international environment.

10 _____________ with further details of my career 11 _____________, and two letters of recommendation.

I am 12 _____________ at any time and look forward to 13 _____________.

Yours faithfully,

Sabine Strobel

▶ E-Mail 28: Lösung auf Seite 161

Vervollständigen Sie das Bewerbungsschreiben:

1 *Sich für eine Stelle bewerben:*
to be the
to be considered for the position of
to propose myself as

2 *Sich auf eine Zeitungsannonce beziehen:*
as seen
as appeared
as advertised

3 *Die Ausbildung ansprechen:*
after graduating from
after getting through
after finishing with

4 *„meine Kenntnisse erweitern":*
got important experience
gained valuable experience
widened my knowledge

5 *Zeitform, um die momentane Tätigkeit zu beschreiben:*
I have been working
I work at the moment
I am currently working

6 *Das eigene Interesse anzeigen:*
mainly interested
quite interested
particularly interested

7 *Frühere Teilzeitarbeit:*
have worked part-time
used to work part-time
worked part-time

8 *Um das Studium finanzieren zu können:*
finance my undergraduate studies
pay for university
finance my bachelor degree

9 *„meine Kentnisse erweitern":*
widen my knowledge
gain further experience
broaden my experience

10 *„Beiliegend finden Sie meinen Lebenslauf":*
Attached is my CV
I enclose my Curriculum Vitae
I have included my CV

11 *"bis zum heutigen Tag":*
to date
until now
until here

12 *Für ein Videointerview zur Verfügung stehen:*
hoping for a video interview
waiting for a telephone interview
available for a video interview

13 *Eine Antwort erwarten:*
your positive acceptance
a favourable reply
hearing from you

Textbausteine

Sich auf eine Annonce beziehen

I see from your advertisement in the... *(newspaper)* / *on the... (website)* that you have a vacancy for a... .	Aus Ihrer Anzeige in ... *(Zeitung)* / auf der Webseite ... ersehe ich, dass Sie eine Stelle für ... anzubieten haben.
It was with great interest that I read the advertisement for... .	Mit großem Interesse habe ich die Stellenanzeige für ... gelesen.
I was interested to learn that your company is currently recruiting / wishes to recruit... .	Mit Interesse habe ich erfahren, dass Ihre Firma zur Zeit ... einstellt / einstellen möchte.

Sich für eine Stelle bewerben

I would like / I wish to apply for the position of... .	Ich möchte mich für die Stelle als ... bewerben.

Initiativbewerbung (Blindbewerbung)

I would be interested to learn / know whether you have a vacancy for... .	Ich bin an einer Tätigkeit als ... interessiert und wüsste gern, ob Sie eine entsprechende Stelle anzubieten haben.
I am writing to enquire about the possibility of working for your company.	Hiermit möchte ich mich nach der Möglichkeit einer Mitarbeit in Ihrer Firma erkundigen.
I am looking for a part-time position in... .	Ich suche eine Stelle in Teilzeit auf dem Gebiet / im Bereich ... .

Informationen über die Stelle anfordern

Please send me further details of the position.	Bitte informieren Sie mich ausführlicher über die betreffende Stelle.
Please would you forward a copy of the application form to me at the above address.	Ich wäre Ihnen dankbar, wenn Sie mir eine Kopie des Bewerbungsbogens an obige Adresse schicken könnten.
Would a hybrid blend of in-office and home-working be possible? / Would it be possible to work remotely?	Ist es möglich, einen Teil der Arbeit von zu Hause zu erledigen? / Ist auch mobiles Arbeiten möglich?

Über sich und seine berufliche Erfahrung sprechen

For the past... years I have been employed as a... .	Während der letzten ... Jahre war ich als ... angestellt.
I was responsible for... .	Ich war für ... verantwortlich.
I was in charge of... .	Ich hatte die Aufsicht über ... .
I specialise in... .	Mein Spezialgebiet ist ... .

This is a position for which I believe I am ideally suited.	Ich glaube für diese Stelle besonders geeignet zu sein.
I gained wide experience in market research in the marketing department at Peters & Sons Ltd.	Ich konnte bei Peters & Sons vielfältige Erfahrungen in den Bereichen Marktforschung und Marketing sammeln.
I have already acquired some experience in... .	Ich habe schon Erfahrungen im Bereich / in ... gesammelt.
I speak fluent English and French. / I am fluent in English and French.	Ich spreche fließend Englisch und Französisch.
I believe / I am certain I have the necessary training and qualities needed for the position of... .	Ich bin überzeugt, dass ich die erforderliche Ausbildung und die nötigen Fähigkeiten für diese Stelle als ... mitbringe.
I am eager to undertake new responsibilities in a challenging position.	Ich möchte sehr gern neue Verantwortung in einer anspruchsvollen Stellung übernehmen.
I am keen to broaden my knowledge in the field of... .	Ich bin sehr daran interessiert, meine Kenntnisse auf dem Gebiet / im Bereich von ... zu vertiefen.

Auf seinen Lebenslauf verweisen

I enclose / attach a copy of my CV which will give you further particulars / more complete details of my career to date.	In der Anlage finden Sie meinen Lebenslauf mit weiteren Einzelheiten / vollständigen Angaben zu meiner beruflichen Laufbahn.

Schlussformulierungen

I will be happy to supply any other details you may require.	Zur Beantwortung weiterer Fragen stehe ich Ihnen gern zur Verfügung.
I would greatly appreciate the opportunity of an interview.	Ich würde mich sehr freuen, die Gelegenheit zu einem Gespräch mit Ihnen zu erhalten.
I can make myself available for interview at any time.	Für einen Gesprächstermin kann ich mich jederzeit freimachen.
I am happy for the interview to be conducted via video call.	Ich freue mich auf das Interview per Videokonferenz.
I am available for interview at your convenience.	Wann immer es Ihnen recht ist, stehe ich für einen Gesprächstermin zur Verfügung.
Unfortunately, I can only come to an interview on Fridays.	Gesprächstermine kann ich leider nur für freitags vereinbaren.
I shall be available from 1st June onwards.	Ab 1. Juni bin ich verfügbar.

The names of two referees are given below.	Die Namen zweier Personen, die mir gern Referenzen ausstellen werden, finden Sie nachfolgend.
I look forward to hearing from you and hoping for a favourable reply.	Ich freue mich auf Ihre Antwort. In der Hoffnung auf eine positive Antwort verbleibe ich ... .

Anmerkungen

Für Bewerbungen auf Englisch bzw. ins Ausland gelten je nach Land und Unternehmen unterschiedliche Anforderungen, die hier nicht alle erwähnt werden können. Dennoch einige Hinweise:

- Heutzutage werden die meisten Bewerbungen per E-Mail verschickt oder im unternehmenseigenen Karriereportal hochgeladen.
- Manche Firmen und Organisationen haben ganz bestimmte Vorstellungen, wie eine schriftliche Bewerbung erfolgen soll.
- Erklären Sie in Ihrem **cover letter / application letter** (Begleitbrief), warum Sie sich auf die Stelle bewerben. Der Begleitbrief sollte zusätzliche Informationen zu Ihren Fähigkeiten und Ihren besonderen Stärken enthalten, die aus Ihrem **CV** (Lebenslauf) allein nicht hervorgehen. Weshalb bringen Sie die besten Voraussetzungen für die offene Stelle mit?
- Falls Ihnen der Ansprechpartner nicht bekannt ist, können Sie im cover letter in der Anrede **Dear recruiter** verwenden.
- Neben dem cover letter, Zeugnissen und Referenzen wird mitunter auch ein **letter of motivation** (Motivationsschreiben) verlangt, in dem der/die Bewerber/in sich selbst ein bisschen ausführlicher darstellt und genauer erklärt, weshalb er/sie sich für die Stelle interessiert.
- In **Europa und Neuseeland** wird meistens ein **CV** (Curriculum Vitae = Lebenslauf) verlangt, also eine detaillierte tabellarische Aufstellung der Schul- und Ausbildungsstationen und des bisherigen beruflichen Werdegangs; er wird heute in der Regel chronologisch (mit den jüngsten Beschäftigungsstationen beginnend) aufgebaut. Der CV kann außerdem Informationen über besondere Auszeichnungen, Sprachkenntnisse und Hobbys usw. enthalten. Manche eher international tätige Firmen wünschen eine so genannte **Europass-Bewerbung**; weitere Informationen hierzu finden Sie im Internet unter www.europass-info.de/bewerberinnen-und-bewerber/lebenslauf-online-erstellen.
- **Bewerbungen in den bzw. in die USA** enthalten meistens ein **résumé** (Résumé). Dies ist eine auf die jeweilige Stelle angepasste, prägnante und auf möglichst 2 Seiten begrenzte Zusammenfassung wichtiger Stationen in Beruf und Ausbildung, in der man vor allem seine bisherigen beruflichen Erfolge und seine erworbenen Qualifikationen, die für die Stelle von Nutzen sind, in den Vordergrund stellt.
- Informationen über Ihre **Sprachkenntnisse** sollten Sie möglichst konkret angeben. Sofern Sie eine Sprachprüfung absolviert haben, geben Sie das Institut und das Prüfungsergeb-

nis an. Wenigstens sollten Sie Ihre Angaben am Gemeinsamen Europäischen Referenzrahmen für Sprachen (**Common European Frame of Reference for Languages**) anlehnen. Er ist ein international anerkannter Standard, um das Niveau der Sprachfertigkeiten zu beschreiben. Mehr Informationen darüber finden Sie im Internet.

- In vielen Ländern ist es unüblich und sogar von Nachteil für den/die Bewerber*in, der Bewerbung ein **Passfoto** beizufügen, besonders in den USA und in Großbritannien und in den Niederlanden. Erkundigen Sie sich, bevor Sie Ihre Bewerbung abschicken.

Sie sind dran!

1 Formulieren Sie dieses Bewerbungsschreiben aus:

I wish ________________ the position of salesman as advertised ________________ Tuesday's Herald Tribune. This is a ________________ for which I believe I am ________________ suited.

2 Vervollständigen Sie die folgende Initiativbewerbung:

I ________________ for a position ________________ computer programming ________________ a large international company. For the ________________ 5 years I ________________ employed ________________ computer programmer ________________ Hi-Tech Inc. I speak ________________ Spanish and have ________________ experience of working abroad.

3 Antworten Sie auf folgende Annonce:

A large international cosmetics company based in London invites applications for the position of Marketing manager. Candidates should have over five years' work experience in the field of marketing, and have a good working knowledge of at least two foreign languages. Starting salary will be in the range £33-36,000 pa, to be negotiated. Please send applications and a detailed CV to:
The Personnel Manager Harriett Cosmetics Company Ltd
25 King's Road London SW1 England

▶ Lösung auf Seite 169

22 Bewerbungen beantworten

Zusage für ein Bewerbungsgespräch

Sabine Strobel wird mitgeteilt, dass ihre Bewerbung in die engere Wahl gezogen wurde.

Subject: **Your application**
Date: 20.11.20... 10:55
From: e.schmalacker@luxiphon.de
To: strobelsabine@yahoo.com

1 ____________

Thank you for 2 ____________ the position of assistant to the Sales Manager. Your CV indicates that you may well have the qualities and experience 3 ____________ .

I would be grateful if you would come to our office in Berlin for an interview on December 4th at 10 am. You 4 ____________ to remain in Berlin 5 ____________ as the interview procedure includes a visit to the company premises and factory. You 6 ____________ for all reasonable 7 ____________ .

I look forward to your rapid confirmation.

8 ____________

____

Luxiphon GmbH
Eva Schmalacker
HR Manager
Magdeburger Straße 250
10785 Berlin
Germany
Tel +49 (0)303344 5643
Fax +49 (0)303344 5582
Email: e.schmalacker@luxiphon.de

▶ E-Mail 29: Lösung auf Seite 161

1 *Die Anrede:*
Dear Janet
Dear Madam
Dear Ms Strobel

2 *Welche Präposition passt hier?*
your application to
your application of
your application for

3 *Und welche ist hier richtig?*
we are looking at
we are looking for
we are looking in

4 *Welche Zeitform ist richtig?*
will be expected
have been expected
must have expected

5 *„den ganzen Tag“:*
during the day
throughout the day
since the day

6 *Eine Kostenerstattung anbieten:*
will be reimbursed
will be refunded
will be paid

7 *Hotel- und Reisekosten:*
hotel and travelling expenses
hotel and voyage expenditure
costs of lodging and travelling

8 *Die Grußformel:*
Yours faithfully
Regards
Yours sincerely

Textbausteine

Den Erhalt einer Bewerbung bestätigen

Thank you for your application for the position of... .	Vielen Dank für Ihre Bewerbung für die Stelle als ... .

Eine Bewerbung annehmen

We are pleased to inform you that... / We have pleasure in informing you that...	Wir freuen uns Ihnen mitzuteilen / mitteilen zu können, dass ...
... your application for the position of... has been successful.	... Sie sich erfolgreich für die Stelle als ... beworben haben.
... you have been accepted (for the position of...) .	... wir uns (bezügl. Ihrer Bewerbung als ...) für Sie entschieden haben.
... your application has been retained.	... Ihre Bewerbung in die engere Wahl gezogen wurde.

Eine Bewerbung ablehnen

We regret to inform you that your application has not been accepted.	Wir müssen Ihnen leider mitteilen, dass Ihre Bewerbung nicht berücksichtigt werden konnte.
We are sorry to have to inform you that your name has not been included with those short-listed for an interview.	Wir bedauern, Ihnen mitteilen zu müssen, dass Sie nicht in die engere Wahl gezogen wurden.

I am sorry to inform you that the position has already been filled.	Ich muss Ihnen leider mitteilen, dass die Stelle schon vergeben ist.
We are sorry but we have no vacancies at the present time.	Wir haben leider momentan keine Stelle frei.

Einen Gesprächstermin vorschlagen

We would be grateful if you could come for an interview with Mr Müller on Tuesday 9th April at 10 o'clock.	Wir wären Ihnen dankbar, wenn Sie am Dienstag, dem 9. April, um 10 Uhr zu einem Gespräch mit Herrn Müller kommen könnten.

Anmerkungen

- Beachten Sie, dass „suchen nach" im Englischen **to look FOR** heißt.
- Wenn von „den Bewerbern" allgemein gesprochen wird, lässt man im Englischen den Artikel weg, so z. B. auch auf Seite 123 in dem Stellenangebot: **Candidates should speak...**

Sie sind dran!

1 Vervollständigen Sie diesen ablehnenden Bescheid:

We regret ______________ that we have no vacancies at ______________ time.

2 Wie muss es in dieser Ablehnung korrekt heißen?

The ______________ were all of a very high standard, and I am sorry to ______________ to inform you that the position has ______________ been ______________.

3 Reagieren Sie mit einer positiven Antwort auf die Bewerbung eines Handelsvertreters. Schlagen Sie für Mittwoch, den 17. November, um 14 Uhr ein Gespräch vor.

▶ Lösung auf Seite 169

23 Videokonferenzen

Luxiphon hat seine neuen Mikrofonmodelle auf den Markt gebracht und lädt deshalb alle wichtigen Kundinnen und Kunden und drei spezielle Gäste zu einer Online-Präsentation ein.

Subject: **Special online-event**
Date: Mo 05.09.20... 14:12
From: j.mueller@luxiphon.de
To: j.mueller@luxiphon.de

Dear Sir or Madam, customers and associates,

We are thrilled to be able to 1 ______________ our new "Retro" product line in an online presentation on 26th October at 4 pm CET. Allow yourself to 2 ______________ by the technical capability of the Retro microphone range which promises a first-rate sound experience.

You are sure to be as excited as we are to welcome a lineup of special guests to the event including the internationally 3 ______________ singer Louise Carlton as well as Phil White, CEO of the London Events Agency "Light-on" and Christie Turner, PR Manager at the record label "Street Stars". 4 ______________ the online presentation, our guests will be discussing the 5 ______________ in the music industry and will be happy to take your questions.

Please use this link to 6 ______________:
https://videobizz.hs5q1/pop-5zq

Here at Luxiphon we are looking forward to you joining us online - and to seeing you next time you visit our Berlin showroom!

All our best wishes,

J Mueller
Sales Manager

▶ E-Mail 30: Lösung auf Seite 162

Füllen Sie die Lücken der Einladung zur Online-Veranstaltung aus.

1 *Die neuen Modelle vorstellen:*
introduce
broadcast
show off

2 *erstaunt/überrascht werden:*
be gently shocked of
be flabbergasted with
be amazed by

3 *gefeiert, anerkannt:*
acclaimed
known
well criticized

4 *Im Anschluss an die Online-Präsentation:*
Quite after
Closing
Following

5 *Die aktuellen Herausforderungen:*
actual struggles
current challenges
up-to-date problems

6 *Zur Online-Präsentation gelangen:*
get for the show
jump into the online spectacle
access the online event

Textbausteine

Eine Videokonferenz vorbereiten

Prior to our video conference on 5th November please find attached the contract documents / a registration form which we would ask you to return by 31st October.	Zur Vorbereitung unserer Videokonferenz am 5. November erhalten Sie die Vertragsunterlagen / ein Anmeldeformular, das Sie bitte bis zum 31. Oktober ausgefüllt an uns zurücksenden.
In returning this form your registration for the online workshop becomes binding and the charges apply.	Mit der Rücksendung des Formulars melden Sie sich verbindlich und kostenpflichtig zum Online-Workshop an.
Participation in the video conference is optional.	Die Teilnahme an der Videokonferenz ist freiwillig.
Please let us know by 10th February if you are intending to take part.	Bitte geben Sie uns bis zum 10. Februar Bescheid, ob Sie teilnehmen.
Simply click on the button / link to confirm your participation.	Sie können Ihre Teilnahme ganz einfach bestätigen, indem Sie auf den Button / Link klicken.

Eine Videokonferenz durchführen

You will be sent all the documents presented in the video conference following its conclusion.	Alle in der Videokonferenz präsentierten Unterlagen werden Ihnen im Anschluss an die Konferenz zugeschickt.
Please mute your microphone and activate it only when you wish to speak.	Bitte lassen Sie Ihr Mikrofon ausgeschaltet und schalten Sie es nur ein, wenn Sie sich zu Wort melden möchten.
If you wish to speak, please raise your hand using the corresponding symbol under "Reactions".	Wenn Sie sich zu Wort melden wollen, benutzen Sie bitte das Handheben-Symbol in der Rubrik „Reaktionen".
To prevent technical issues during the video conference, we request that you deactivate your camera.	Bitte lassen Sie Ihre Kamera ausgeschaltet, damit die Videokonferenz ohne technische Störungen stattfinden kann.

We would like to inform you that the meeting will be recorded.	Wir machen Sie darauf aufmerksam, dass die Besprechung aufgezeichnet wird.
Should you have difficulties accessing the virtual conference room, please contact our IT service by telephone: + 49 303344 ...	Falls Sie Probleme haben, in den virtuellen Konferenzraum zu gelangen, wenden Sie sich bitte telefonisch an unseren IT-Service: #49 303344 ...
We have set up two virtual meeting rooms for internal discussions.	Für Ihre internen Beratungen haben wir zwei virtuelle Besprechungsräume eingerichtet.

Anmerkungen

- **„Dear Sir or Madam"** kann mitunter inzwischen ein wenig veraltet wirken. Stattdessen können Sie auch **„Dear friends"** verwenden, sofern Sie mit den angeschriebenen Personen größtenteils gut bekannt sind.
- Die Abkürzung **CET** steht für **„Central European Time"**, also mitteleuropäische Zeit (MEZ). Das ist die Zeitzone, in der Deutschland, Österreich und die Schweiz sowie weitere 32 europäische Länder liegen.

Sie sind dran!

1 Vervollständigen Sie die Einladung zu einer geschäftlichen Videokonferenz.

access • requiring • virtual • on

As agreed by telephone, any aspects of our cooperation agreement still ________ clarification will be discussed in a video conference ________ 15th March at 11 o' clock. You can ________ the ________ meeting room by clicking on the link below.

2 Hier geht es um eine Einladung zur wöchentlichen Teambesprechung.

design • talk • co-workers • take a look

________,

Prior to our weekly update meeting I am sending you the brochure ________ for our new product line. Please ________ in advance so that we can ________ about it in the video conference this Monday. See you then!

3 Laden Sie alle Kolleginnen und Kollegen zu einer Abteilungsbesprechung am 12. Mai per Videokonferenz ein. Schicken Sie die Tagesordnung mit. Fordern Sie die Kolleginnen und Kollegen auf, weitere Tagesordnungspunkte zu benennen. Kündigen Sie an, dass der Link für die Besprechung separat verschickt wird.

▶ Lösung auf Seite 169

24 Telefonieren

Alle Dialoge in diesem Kapitel sowie sämtliche Textbausteine (ab Seite 145) können Sie unter **www.pons.de/buerokommunikation-englisch im Internet anhören und herunterladen**. Hier im Buch sind die Nummern der Trackpunkte angegeben.

Herr Müller hat ein dringendes Anliegen, das er mit Angela Johnson, seiner Ansprechpartnerin bei Electron, telefonisch erörtern möchte. ⤓ 1

Smith: Good morning, Electron. Julie Smith 1 ________________ .
Müller: Good morning, this is Jens Müller, from Luxiphon in Berlin.
2 ________________ Angela Johnson please.
Smith: I'll 3 ________________ .
Müller: Thank you.
Smith: Mr Müller... I'm afraid Ms Johnson's 4 ________________ . Would you like to 5 ________________ ?
Müller: Thank you.

... kurz darauf bekommt Herr Müller eine schlechte Nachricht:

Smith: Thank you for holding, Mr Müller, but 6 ________________ Ms Johnson is in a meeting now. She won't be available until at least 3 this afternoon. 7 ________________ ?
Müller: It's 8 ________________ . Could you put me through to someone else in the Purchasing Department? Perhaps Mr Morris?
Smith: Mr Morris is on holiday until next Thursday. Could someone in another department help you?
Müller: No, I don't think so. I'll leave a message for Ms Johnson. Could you 9 ________________ to phone me 10 ________________ ? There's a problem with the latest order.
Smith: Certainly. Could you spell your name please?
Müller: Of course, it's M - u - e - double l - e - r, Jens.
Smith: That's Jens 11 ________________ ?
Müller: No, Jens with a j. J - e - n - s.
Smith: Where can she reach you, Mr Müller?
Müller: I'll be 12 ________________ , so it'll be best if she calls my mobile... 0049 172 6687 (double 'oh' four nine... one seven two... double six eight seven).
Smith: Could I 13 ________________ that please?
Müller: Of course.
Smith: 0049 172 6687
Müller: Correct.
Smith: I'll give her the message as soon as she gets out of the meeting.
Müller: Thanks for your help.
Smith: 14 ________________ . Thank you for calling.
Müller: Goodbye.
Smith: Goodbye.

▶ Text 30: Lösung auf Seite 162

Helfen Sie Herrn Müller, das Gespräch mit Hilfe folgender Begriffe und Wendungen zu vervollständigen:

1 *Julie Smith meldet sich und nennt ihren Namen:*
talking
speaking
chatting

2 *Sie suchen Ihren Ansprechpartner:*
I want
I need to speak to
I'd like to speak to

3 *„verbinden":*
put you through
put you onto her
connect

4 *Frau Johnson „spricht gerade":*
phone is occupied
phone is not free
line is busy

5 *„am Apparat bleiben":*
hold
sit
stay

6 *„tut mir leid":*
I'm scared but
I'm afraid
I'm apologising but

7 *„Wollen Sie eine Nachricht hinterlassen?":*
Would you like to leave a message?
Can you tell me a message?
Will you like to leave a message?

8 *Es ist „dringend":*
an emergency
quite urgent
an urgency

9 *„ihr ausrichten":*
tell her
make her
ask her

10 *„so bald wie möglich":*
as soon as possible
now
as quick as she can

11 *Nach dem richtigen Anfangsbuchstaben fragen:*
with the y?
with a y?
beginning with the y?

12 *„außer Haus":*
not here
in the office not
out of the office

13 *Informationen prüfen:*
prove
check
control

14 *„Nichts zu danken":*
It's a pleasure
It's pleasant
It's pleasing

Textbausteine ⤓ 2

Ein Telefongespräch annehmen

Hello, John Smith speaking.	(Hier ist) John Smith.
Hello, this is John Smith.	(Hier ist) John Smith.
Good afternoon, Electron Importers. Can I help you?	Electron Importers, guten Tag. Was kann ich für Sie tun?

Sich am Telefon melden und seine Absicht ausdrücken ⤓ 3

Hello, this is Jens Müller from Luxiphon. I'd like to speak with John Smith please.	Mein Name ist Jens Müller von der Firma Luxiphon. Ich hätte gern mit John Smith gesprochen.
Is it a good time to talk?	Passt es Ihnen gerade?
Am I disturbing you?	Störe ich?
I'd like to speak to someone in the Accounts Department please.	Ich würde gern mit jemandem von der Buchhaltung sprechen.
Could I speak to the manager please?	Könnte ich bitte den Geschäftsführer sprechen?
Could you put me through to Mr John Smith please?	Könnten Sie mich bitte mit Herrn John Smith verbinden?
I'm calling about....	Ich rufe an wegen ....
I'm returning his call.	Ich soll ihn zurückrufen.
You asked me to call you back.	Sie baten mich darum, Sie zurückzurufen.

Dem Anrufer antworten ⤓ 4

May I ask what you are calling about?	Darf ich fragen, weswegen Sie anrufen?
May I ask what you would like to speak to Mr Müller about?	Darf ich fragen, worüber Sie mit Herrn Müller sprechen möchten?
Can I just ask what it's about?	Darf ich fragen, worum es geht?
Just a moment please.	Einen kleinen Moment, bitte.
Do you mind waiting a moment? The line's busy.	Da ist besetzt. Könnten Sie einen Moment warten?
Can you hold on please?	Bleiben Sie bitte am Apparat.
I'll put you through to Mr Smith.	Ich verbinde Sie mit Herrn Smith.
I'm afraid he's not available.	Es tut mir leid, er ist im Moment nicht zu erreichen.
I'm sorry but he's in a meeting / at lunch / on leave (holiday, *US* vacation).	Tut mir leid, er ist in einer Besprechung / zu Tisch / im Urlaub.
I'm afraid he's out of the office.	Tut mir leid, er ist außer Haus.

Eine Nachricht hinterlassen, um Rückruf bitten 5

When will he be available?	Wann kann ich ihn am besten erreichen?
I'll try again later.	Dann versuche ich es später noch einmal.
Could I leave a message please?	Könnten Sie ihm bitte etwas ausrichten?
Would you like to leave a message?	Möchten Sie eine Nachricht hinterlassen?
Can I take a message?	Kann ich etwas ausrichten?
Could you ask him to call me back please?	Könnten Sie ihm bitte ausrichten, er möchte mich zurückrufen?
Could he phone me as soon as possible please?	Könnte er mich so bald wie möglich zurückrufen?
It's urgent.	Es ist dringend.
I'll give him the message as soon as he gets back.	Ich werde ihm das ausrichten, sobald er zurück ist.
I'll tell him as soon as he returns.	Ich sage ihm Bescheid, sobald er zurückkommt.
Could I have your name and number?	Kann ich Ihren Namen und Ihre Nummer notieren?

Verständnis sichern und Verständnisprobleme anzeigen 6

Who's speaking please?	Wer ist am Apparat?
I'm sorry, I didn't catch your name.	Ich habe Ihren Namen leider nicht verstanden.
Could you spell that please?	Könnten Sie das bitte buchstabieren?
Could you repeat that please?	Könnten Sie das bitte wiederholen?
Could I just check that please?	Kann ich das nochmals überprüfen?
Could you speak a little slower please?	Könnten Sie bitte ein bisschen langsamer sprechen?
The line is bad. / The connection is bad.	Die Verbindung ist schlecht.
The signal is bad.	Das Netz ist schwach.
Can you hear me?	Können Sie mich hören?
Can I call you back on my landline?	Kann ich Sie vom Festnetz zurückrufen?

Termine vereinbaren und absagen 7

Could we meet next Tuesday at 3 o'clock?	Könnten wir uns am nächsten Dienstag um 3 Uhr treffen?
Are you free on Thursday?	Sind Sie am Donnerstag frei?
Would Friday morning suit you?	Passt Ihnen Freitagmorgen?
How about tomorrow lunchtime?	Wie wär's mit morgen um die Mittagszeit?

I'm afraid I can't make our appointment on Thursday.	Leider schaffe ich unseren Termin am Donnerstag nicht.
I'm afraid I need to cancel our appointment for next Wednesday at 2 pm.	Leider muss ich unseren Termin am nächsten Mittwoch um 2 Uhr absagen.
Could we make a new appointment?	Könnten wir einen neuen Termin vereinbaren?

Etwas reklamieren ⤓ 8

I'm phoning because of a problem with an order.	Ich rufe an wegen eines Problems bei einer Bestellung.
What seems to be the problem?	Was ist das Problem?
I'm afraid there is a serious problem.	Ich fürchte, es gibt da ein ernsthaftes Problem.
I'm afraid I have to make a complaint.	Ich habe leider eine Reklamation zu machen.
The order hasn't arrived.	Die Bestellung ist noch nicht eingetroffen.
I'm sorry about that. I'll try to find out what the problem is.	Das tut mir leid. Ich versuche herauszufinden, wo das Problem liegt.
I'm afraid there has been a mix-up.	Ich fürchte, es hat eine Verwechslung gegeben.
I'm afraid the goods havent' been sent off yet.	Leider ist die Ware noch nicht verschickt.
I have to check what the problem is. Can I call you back as soon as I know more?	Ich muss nachprüfen, was das Problem ist. Kann ich Sie zurückrufen, sobald ich mehr weiß?
I apologise for the inconvenience this has caused.	Ich entschuldige mich für die entstandenen Unannehmlichkeiten.

Das Gespräch beenden ⤓ 9

I'm afraid I can't talk right now. Could I call you straight back?	Ich habe gleich einen Termin. Kann ich Sie zurückrufen?
Right, I think that's all for now.	So, ich glaube, das ist alles für den Moment.
OK, I think we have discussed everything.	OK, ich denke, wir haben alles besprochen.
Is there anything else we need to discuss?	Gibt es noch irgendetwas anderes zu besprechen?
Do you have any other questions?	Haben Sie weitere Fragen?
I think we have covered all the important points.	Ich denke, wir haben alle wichtigen Punkte erledigt.
It was nice talking to you.	Es war nett, mit Ihnen zu sprechen.
Thank you for your time.	Danke für Ihre Zeit.
Thank you for calling.	Danke für Ihren Anruf.
Thank you for your help.	Danke für Ihre Hilfe.
Thanks for calling. Goodbye.	Vielen Dank für Ihren Anruf. Auf Wiederhören.
Thanks for your help. Goodbye.	Vielen Dank für Ihre Hilfe. Auf Wiederhören.

Ansagen für den Anrufbeantworter 10

Hello, you have called Panorama Ltd / Thank you for calling Panorama Ltd.	Sie sind verbunden mit Panorama Ltd.
Unfortunately, our office is closed at the moment.	Leider ist unser Büro zurzeit nicht besetzt.
Our office hours are 8 to 6 Mondays to Fridays.	Unsere Bürozeiten sind montags bis freitags von 8 bis 18 Uhr.
Please leave your name and phone number and we'll call you back as soon as possible.	Bitte hinterlassen Sie Ihren Namen und Ihre Telefonnummer, wir rufen Sie baldmöglichst zurück.
Please speak after the tone.	Bitte sprechen Sie nach dem Signalton.
I'm not in at the moment, but I'll call you back when I return.	Ich bin zur Zeit nicht erreichbar, rufe Sie aber zurück, sobald ich wieder da bin.
Your call is in a queue. Please hold until one of our agents is free.	Ihr Anruf ist in der Warteschleife. Bitte legen Sie nicht auf, Sie werden mit dem nächsten freien Mitarbeiter verbunden.
Thank you for calling.	Vielen Dank für Ihren Anruf.

Eine Nachricht auf dem Anrufbeantworter hinterlassen 11

Hello, this is John Smith, telephone number 0711 963342.	Hier spricht John Smith, meine Telefonnummer ist 0711 963342.
I'd like to leave a message for Angela Johnson.	Ich möchte eine Nachricht für Angela Johnson hinterlassen.
Could you please call me back as soon as possible / some time today?	Würden Sie mich bitte so bald wie möglich / im Laufe des Tages zurückrufen?
It's urgent.	Es ist dringend.
Thank you. Goodbye.	Vielen Dank, auf Wiederhören.

Es kann auch passieren, dass Sie am Telefon nicht nur buchstabieren, sondern auch andere Zeichen verstehen oder selbst benennen müssen. Hier eine Übersicht: 12

_	underscore	Unterstrich
@	at	at
-	hyphen / dash	minus / Bindestrich
.	dot (bei E-Mail- und Internetadressen) point (bei Zahlen) full stop (BE) / period (AE) am Satzende	Punkt
?	question mark	Fragezeichen
,	comma	Komma

!	exclamation mark	Ausrufezeichen
:	colon	Doppelpunkt
;	semi colon	Semikolon / Strichpunkt
...	dot dot dot / elipsis	Auslassungspunkte
/	forward slash	Schrägstrich
\	back slash	Backslash / umgekehrter Schrägstrich
//	double slash	doppelter Schrägstich
#	pound sign (BE) / hash (tag) (AE)	Raute
*	asterisk / star	Sternchen
(	open bracket	Klammer auf
)	close bracket	Klammer zu
( )	round brackets	runde Klammern
[ ]	square brackets	eckige Klammern
	capital letters	Großbuchstaben
	lower case	Kleinbuchstaben
	italics	Kursivschrift / Schrägschrift
	bold	fettgedruckt
	cross out (BE) strike / score through (AE)	durchstreichen

Anmerkungen

- Melden Sie sich auf Englisch nie nur mit dem Nachnamen, wie es in Deutschland üblich ist, sondern sagen Sie immer: **Hello, James Harrison**. oder **Hello, James Harrison speaking**.
- Wenn Sie eine Nummer laut lesen, sprechen Sie jede Ziffer einzeln aus, z. B. 747659 als **seven - four - seven - six - five - nine**.
  77 ist **double seven**, 888 ist **triple eight**.
  0 liest man als **zero**, **nought** oder **oh**.
- Am Telefon sind Kontraktionen, ganz wie im direkten Gespräch, völlig normal: **I am** wird zu **I'm**, **she will** zu **she'll**, **he is** zu **he's** usw. Üben Sie die Verwendung und auch das Hörverständnis dieser Kontraktionen, denn sie machen Gespräche schnell, aber manchmal für Nicht-Muttersprachler*innen natürlich auch schwer verständlich.
- Geben Sie Ihrem Gesprächspartner hin und wieder zu verstehen, dass Sie ihm zuhören, z. B. durch kurze Äußerungen wie **OK. / Right. / Sure. / I see. / I understand / hmm.**
- Spielen Sie „Echo“, indem Sie einzelne Wörter Ihres Gesprächspartners wiederholen, z. B. **„We can deliver on Tuesday.“ - „Tuesday. That's perfect!“**

- Es gibt im Englischen zwar ein offizielles Buchstabieralphabet und sogar ein internationales Alphabet, aber die meisten Englischsprachigen kennen es nicht. Meistens werden allgemeine Wörter benutzt. Zum Beispiel könnte man das Wort „Bond" so buchstabieren: **„That's B for bridge, O for orange, N for no and D for dog."** Im amerikanischen Englisch sagt man eher **as in** statt *for*: **D as in dog.**
- Denken Sie daran, dass das „Handy" im britischen Englisch **mobile (phone)** und im amerikanischen Englisch **cell(phone)** heißt.

Sie sind dran!

1 Mit den Präpositionen ändert sich im Englischen oft auch die Bedeutung eines Verbs. Welche Verben und Präpositionen gehören hier zusammen?

1. to hold	A up
2. to hang	B off
3. to put	C on
4. to cut	D through

Vervollständigen Sie nun mit diesen Verben die folgenden Sätze: 13

I'm sorry I kept you waiting for so long. I'm pleased you didn't __________ ! If you can ____ ______ for a few more minutes I'll try to __________ you __________ to someone who can help. If we get __________ I'll call you straight back!

2 Ordnen Sie den folgenden Telefondialog. Der Anfang ist bereits gemacht: 14

- [1] Hello, Pearson and Sons. Barbara Fellowes speaking.
- ☐ Who's calling?
- ☐ Could I leave a message please?
- ☐ I'll give him the message as soon as he gets in. Goodbye Mr. Carter.
- ☐ Could he call me back before 4.00 pm today? My number's 07126 390458.
- ☐ Certainly Mr. Carter.
- ☐ Do you know when he'll be back? It's rather urgent.
- ☐ Sam Carter from Polytex.
- ☐ Just a moment please. I'll see if he's available... I'm afraid he's out of the office.
- [2] Hello. Could I speak to William Johnson please?
- ☐ I'm afraid not. It will probably be later this afternoon.
- ☐ Yes, that's right.
- ☐ Thanks for your help. Goodbye.
- ☐ Can I just check that? Please telephone Mr. Carter from Polytex before 4.00 pm today on 07126 390458.

3 Auch das kommt vor: Man erhält einen Anruf von einem Kunden mit einer Reklamation. Füllen Sie die Lücken mit den Wörtern aus dem Kasten. 15

apologies	happen to know	on behalf of	by
there seems to be	I'll get onto it	issue	

Jane: Luxiphon, Jane Cooper.

Tom: Hello, this is Oliver Mackintosh from Telewares in Guildford.

Jane: Hello Mr Mackintosh. How can I help you?

Tom: I am calling ______________ my boss, Mr Cunningham. We placed an order for 200 new STYLE phones a month ago but unfortunately the shipment hasn't arrived yet. The last consignment we received from Luxiphon was damaged, ______________ a problem with your forwarding company.

Jane: Oh, I do apologise! Has the ______________ of damaged goods been resolved?

Tom: Yes, it has. Thank you. But now I need to know what has happened to the STYLE delivery. Do you ______________ anything about it?

Jane: Unfortunately I don't, but ______________ immediately and call you back. Could you give me the order number please?

Tom: Sure. It is ST/3401, but could you call me back ______________ 12 because I'll be in meetings all afternoon?

Jane: Of course, I'll do my best. Once again, please accept our ______________. I will get back to you as soon as I have identified the problem. Thank you for your patience.

Tom: That's all right. Good bye.

Jane: Good bye.

4 Jens Müller versucht, Lisbeth anzurufen, aber erreicht leider nur ihren Anrufbeantworter. Vervollständigen Sie Lisbeths Ansagetext und Jens' Nachricht. 16

Lisbeth: Hi, you've 1 ____________ Lisbeth Antonson. Sorry, I'm not 2 ____________ to take your call right now. Please leave your name, telephone number and a short message and 3 ____________ as soon as possible.

Jens: Hi Lisbeth, Jens here, Jens Müller. I 4 ____________ wanted to re-confirm our arrangements for tomorrow evening. There 5 ____________ a slight change of plan. Please call me back on 0049 160 783872094 when you have 6 ____________. Bye for now.

1 *jemanden erreichen:*
a. reached
b. arrived
c. got

2 *verfügbar:*
a. free
b. available
c. accessible

3 *„Ich melde mich":*
a. I'll get back to you
b. I am going to call you back
c. I am calling later

4 *„nur":*
a. recently
b. first
c. just

5 *Welche Zeit ist richtig?*
a. is being
b. has been
c. had been

6 *„Wenn du Zeit hast":*
a. a free time
b. a spare minute
c. an available slot in your diary

5 Beim folgenden Telefonat fehlen ein paar Wörter. Können Sie sie ergänzen? 17

Priscilla: Priscilla Long, Jones and Partner, reception, how can I ____________ you?
Steve: Hello, this is Steve Dark, I would like an ____________ with Mrs Jones.
Priscilla: Of course, does Mrs Jones know you require an appointment?
Steve: Yes, she has ____________ me to make it with you. I would like to meet her some ____________ next week if that is possible.
Priscilla: Sure. Let me check. You could ____________ her on Wednesday at 11 o'clock in her office.
Steve: That sounds great.
Priscilla: OK, Mr Dark, I'll check back with Mrs Jones and send you a ____________ as soon as possible.

Steve: Thank you very much.
Priscilla: You are welcome.

6 **Haben Sie schon einmal mit einem unhöflichen Gesprächspartner zu tun gehabt? Versuchen Sie, dieses Gespräch so zu verbessern, dass es freundlicher klingt!** ⭳ 18

◆ George and Partners. What do you want?
☐ I want to speak to Fred Williams.

◆ He isn't here. Who are you?
☐ Sally Greerson.

◆ Who? I didn't catch what you said.
☐ Sally Greerson. Tell Fred to call me.

◆ Okay. What's your number?
☐ 02143 995766

◆ 02144 995766?
☐ No! Listen this time. 02143 995766.

◆ Okay. Bye.
☐ Bye.

▶ Lösung auf Seite 170, 171

Musterbriefe und Lösungen

BE = Britisches Englisch AE = Amerikanisches Englisch

Anrede und Grußformel *(vgl. Seite 20)*

Dear Sir/Madam *(eine Bank in Singapur)*	Yours truly
Dear Mr Olson *(ein Geschäftspartner in Dänemark)*	Best wishes / Kind regards / Sincerely
Dear Abdul-Karim *(ein Geschäftspartner in Ghana)*	Yours sincerely
To whom it may concern *(die British Library in London)*	Yours faithfully
Dear all *(Kollegen in Frankreich)*	Best wishes / Cheers!
Hi Rima *(ein Geschäftspartner in Spanien)*	All the best
Alexander *(ein langjähriger Kunde in Russland)*	All the best / Regards

1 RESERVIERUNGEN VORNEHMEN

E-Mail 1 ▶ Seite 21

1 *Dear Sir / Madam,*

2 *I would like* 3 *to book* a single room at your hotel 4 *for the week* 19th-26th February. 5 *I require* a room with a view of the gardens, air conditioning, and an en suite bathroom with shower.

6 *Please could you confirm* my booking 7 *as soon as possible*, and 8 *provide me with* your rates per night including breakfast.

9 *If you have no vacancies*, could you please provide me with the address of a suitable hotel in the Birmingham area?

10 *Yours faithfully,*

2 TERMINE VEREINBAREN

E-Mail 2 (geschäftlich) ▶ Seite 27

1 *Dear Mrs Johnson*

2 *As mentioned in* my email of January 12th, 3 *I am planning to be* in Birmingham next week for the International Fair for Event Technology. 4 *You may be interested to know* that 5 *we have recently* brought out a number of new models, and I would be pleased to demonstrate them to you at some point during the week. 6 *May I suggest* Tuesday 18th at 4 o'clock at your office?

7 *If this is not* convenient, could you propose an alternative arrangement? 8 *Would you kindly confirm* this appointment as soon as possible?

Should you have any further queries regarding our products, 9 *please do not hesitate to contact me.* I look forward to our next meeting.

Yours sincerely

E-Mail 3 (privat) ▶ Seite 29

1 *Dear George*

2 *I am due to be* in Birmingham next week 3 *on business*, and I was wondering if 4 *we could meet* somewhere for dinner; it seems such a long time since we last saw each other. 5 *How about* the White Horse Inn 6 *on Tuesday* at 8?

Let me know during the week whether 7 *this suits you*. If you can't make it maybe we can 8 *arrange something else*.

9 *Looking forward to* seeing you again!

10 *With best wishes*

3 RESERVIERUNGEN BESTÄTIGEN

E-Mail 4 (positiv) ▶ Seite 34

1 *Dear Mr Müller*

2 *Thank you for your* fax of 4th February 3 *requesting* a single room with bath and shower, air conditioning, and a view of the gardens.

4 *We have reserved* the accommodation you describe 5 *for the period* you require, and 6 *would be grateful* if you could 7 *transfer a deposit of £ 130 to our bank account* 8 *to confirm* the reservation.

We 9 *look forward to* your stay with us.

Yours sincerely

E-Mail 5 (negativ) ▶ Seite 36

Dear Mr Müller

Thank you for your fax of 4th February requesting a single room with bath and shower and a view of the gardens.
Unfortunately 1 *we are fully booked* for the period you require because of the International Telecommunications Fair. However, 2 *we are happy to recommend* an alternative hotel, also a member of the Palace chain of hotels. 3 We are confident you will find the hotel and the very pleasant surroundings 4 to your total satisfaction, although the location on the outskirts of the city 5 may be slightly inconvenient.

The address is: [......]

We remain 6 *at your service* for any future reservations you might wish to make.

Yours sincerely

4 TERMINE BESTÄTIGEN

E-Mail 6 (annehmen) ▶ Seite 40

1 *Dear Mr Müller*

2 *Thank you* for your email of 10th February. 3 *I would like to confirm* that I 4 *will be available* to see you 5 *at my office* on Tuesday 18th 6 *at the time you propose*.

7 *Yours sincerely*

E-Mail 7 (verschieben) ▶ Seite 41

Dear Mr Müller

With reference to your email of 10th February, 1 *I regret* to inform you that 2 *I will not be available* to meet you on Tuesday 18th February 3 *due to* a company meeting. However, 4 *may I suggest* we 5 *postpone the appointment* to the following day 6 *at the same time?*

I look forward to 7 *receiving an early confirmation.*

Yours sincerely

5 INFORMATIONEN EINHOLEN

Brief 8 (Auskünfte) ▶ Seite 46

1 *Dear Sir*

2 *Having visited* your stand at the recent International Fair for Event Technology in Birmingham, 3 *I was interested to see* that you produce some very innovative designs of microphones.

4 *We are importers of* quality electrical and event equipment, and feel 5 *there is a promising market* here for your type of product. 6 *Could you please send* further details of your headset models, 7 *as well as* 8 *a copy* of your current catalogue showing prices and technical features if possible?

9 *We look forward to* an early reply.

Yours faithfully

Brief 9 (Sonderwünsche) ▶ Seite 48

Dear Sir

1 *While visiting your stand at* the recent Fair in Birmingham, 2 *I was very impressed with* your company's original designs and variety of models.

3 *I would be interested to know whether you produce* collar microphones for dogs.

4 *Furthermore,* 5 *I wanted to enquire whether* it would be possible for your company to customise them with several small LEDs embedded in the collar.

6 *Should you be able to satisfy these requirements,* please inform my secretary at the above address as soon as possible, so that we can proceed with the appropriate arrangements.

Yours faithfully

6 BESTELLUNGEN AUFGEBEN

Brief 10 ▶ Seite 54

1 *Dear Mr Müller*

2 *Thank you for your quotation* of March 1st. We are pleased to 3 *place an order* with you for the following :

QUANTITY	NAME	MODEL	COLOUR	PRICE
5	Retro	R. 234	Silver	£526.85
15	Princess	P.52	Nude	£157.63
3	Duo	D.07	Brown	£167.45

4 *Please acknowledge* this order by returning the duplicate to us, 5 *duly signed.*

6 *Yours sincerely*

7 BESTELLUNGEN BEANTWORTEN

Brief 11 ▶ Seite 59

1 *Dear Mr Cunningham*

Thank you for 2 *your order no. 67 dated* 6th March. 3 *As requested,* 4 *we attach* the duplicate 5 *duly signed* in acknowledgement of your order. Our dispatch department 6 *is currently processing* your order and will inform you when 7 *the consignment* is 8 *ready for delivery.*

9 *We thank you* for your custom and 10 *look forward to* being of service to you again in the near future.

Yours sincerely

8 KOSTENVORANSCHLÄGE

Brief 12 ▶ Seite 63

Dear Mr Stewart

1 *In reply to* your email of 9th April, 2 *we are pleased to enclose* a detailed quotation for the models of microphones specified. Besides those models that were on display at the International Fair in Birmingham, 3 *we have a wide range of* other designs, as illustrated in our catalogue, also enclosed.

All our equipment is 4 *of a high standard* and comes with a five year guarantee. A range of accessories 5 *are also available* with some of the models. Repair and exchange service 6 *can be carried out* by any one of our two hundred cooperation partners located throughout Europe.

Furthermore, we are able to offer a 5 % discount 7 *for all orders exceeding* €2,500.

All models can be supplied, 8 *subject to availability*, 3 weeks from the date on which we receive your firm order. Our cif prices are for sea / land transport only; if you require the goods to be sent by air freight, this will be charged at extra cost.

We look forward to receiving your order.

Yours sincerely

9 ZAHLUNGSBEDINGUNGEN

E-Mail 13 ▶ Seite 68

1 *Dear Mrs Donovan*

2 *We refer to* your 3 *recent enquiry* regarding our 4 *conditions of payment*. 5 *Our terms are* 30 days net, but we can allow you 6 *two months' credit* for 7 *subsequent orders*.

Payment 8 *should be made* by irrevocable letter of credit or settle your account.

9 *We look forward to receiving* your initial order.

10 *Yours sincerely*

10 LIEFERBEDINGUNGEN

E-Mail 14 ▶ Seite 75

Dear Ms Webster

1 *We refer to* your order no. 33. 2 *Delivery will be made* within two months of 3 *receipt of your order*. 4 *As arranged*, the consignment will be transported 5 *by rail and sea freight* fob from Berlin to your warehouse in Atlanta, Georgia.

Our prices are cif for sea / land transport to Georgia. 6 *If you require* more rapid delivery, 7 *we can arrange* for the goods to be sent by air freight, but 8 *this will be charged at extra cost*. Insurance is 9 *payable by you*.

10 *We thank you for your custom*, and will be pleased to answer any further queries you might have regarding the shipment.

Yours truly *(AE)*

11 ZAHLUNGSERINNERUNGEN

Brief 15 ▶ Seite 80

1 *Dear Mr Hughes*

We would like to 2 *draw your attention to* our invoice No. 254 dated September 5th. 3 *As we have not yet received* payment, 4 *we would be grateful* if you could 5 *settle your account* as soon as possible. 6 *If you have already sent* the amount due, please 7 *ignore this reminder*.

8 *Yours truly (AE)*

12 VERHANDLUNGEN UND VEREIN-BARUNGEN

Brief 16 ▶ Seite 85

Dear Sir or Madam

We are manufacturers of professional percussion instruments and 1 *are seeking* a European manufacturer of compatible products with a view to entering into a commercial partnership. We would like to offer our services as commercial agents for your products in the United States, 2 *in exchange for* your representation of our products on the European market. Please find enclosed a brochure describing our company.

As we are sure 3 *you are aware*, the US market offers excellent potential for your type of product, and 4 *we feel confident* that you will appreciate how much 5 *your company could benefit* from such a partnership. As for ourselves, we have reason to believe that the market 6 *is opening up* in Europe for our products and consider that the best way 7 *to take advantage of this opportunity* is to achieve a commercial presence via a European company.

We hope you will 8 *give this proposal your kind consideration*, and look forward to your reply.

Yours truly *(AE)*

13 VERTRÄGE AUFSETZEN

Brief 17 ▶ Seite 90

Dear Mr Southampton

Agency Agreement

1 *With reference to* our video call on Thursday, I am pleased to confirm the agency agreement giving you 2 *sole agency* for our products in the United States.

3 *Enclosed are* two copies of our terms for the agency agreement. Would you please 4 *sign both copies* and return them to me, 5 *together with* any comments or amendments you would like to make regarding the contents? 6 *Should you have any further queries* concerning the conditions of the agency agreement 7 *please do not hesitate to contact me.*

I look forward to 8 *our forthcoming meeting* to discuss the final contract, and hope this is the beginning of a long and mutually beneficial association.

Yours truly *(AE)*

14 DANKSCHREIBEN

E-Mail 18 ▶ Seite 94

1 *Dear Mrs Johnson*

2 *I would like to thank you* for 3 *the productive meeting* we had last Tuesday and for 4 *your kind hospitality*. It was 5 *most interesting* to visit your company and become better acquainted with your business operations.

I 6 *look forward to receiving* your order for the new products 7 *we discussed during our meeting*, and am confident that our 8 *renewed cooperation* will prove a success.

9 *Yours sincerely*

15 ANGEBOTE UND EINLADUNGEN

Brief 19 (formell) ▶ Seite 98

1 *Dear Sir*

The provision, installation and maintenance of conferencing equipment to the British Embassy and Consulates in Germany

The FCO (Contracting Authority for this project) 2 *respectfully invites you* to 3 *submit a written tender* for the 4 *above mentioned* contract.

5 *Please find enclosed* all relevant forms and instructions. You are asked to 6 *refer any queries* regarding this tender to: Julia Kurmelis: julia.kurmelis@fcop.gov.uk

Should your bid be successful, you will receive an invitation to a forum at the British Embassy in Berlin to be held for German SMEs and representatives from the Department of International Trade.

We look forward to 7 *receiving your early reply.*

8 *Yours faithfully*

Peter Blue

E-Mail 20 (informell) ▶ Seite 100

1 *Dear Lisbeth*
I very much enjoyed meeting you in February and remember you told me you would be in Berlin for a conference at the end of June.

I am 2 *due to have* a few days off soon and 3 *was wondering if we could* meet up when you are here. 4 *How would you like to go to* the Weißensee open-air film theatre one evening? It is very close to your conference center and afterwards I could take you to a typical Berlin restaurant for dinner.

5 *Let me know* which evening 6 *would suit you best,* and I will 7 *make the necessary arrangements.* I hope you will 8 *be able to make it* as I am very much looking forward to seeing you again.

9 *Best wishes*

16 EINLADUNGEN BEANTWORTEN

Brief 21 (formell) ▶ Seite 105

1 *Dear Mr Blue*

2 *In reply to your letter* of 1st June, 3 *I have great pleasure in accepting* your invitation to attend the DIT forum 4 *followed by dinner* at the British Embassy.

5 *I look forward to* receiving (6) *further instructions and documentation* relating to the contract and to 7 *meeting you in person* next week.

8 *Yours sincerely*

Brief 22 (formell) ▶ Seite 105

Dear Sir

Mr Müller 9 *thanks* His Excellency Mr Daniel Maguire 10 *for his kind invitation* to the reception at the British Embassy on Friday 20th June which 11 *he has much pleasure in accepting.*

Yours faithfully

Brief 23 (informell) ▶ Seite 107

1 *Dear Jens*

2 *Thanks* for the invitation. 3 *I would be delighted* to go to the cinema with you. The best day for me would be Monday 23rd June.

4 *It will be a pleasure* to see you again!

5 *Best wishes*

17 GESCHÄFTLICHE MITTEILUNGEN

Brief 24 ▶ Seite 110

1 *Dear Customer*

2 *We are pleased to announce* that our company has recently been accepted as official supplier to the Foreign Office in Germany.

This prestigious contract 3 *is recognition of* the excellent quality and service 4 *we always strive to offer* our customers. To mark the event we are offering special prices on our Mars and Retro ranges if 5 *you place your order* before 1st August. We are sending you our latest catalogue 6 *under separate cover.*

We look forward to maintaining the special relationship we have with our customers and to continuing to 7 *provide them with* the prompt service and quality products 8 *they are accustomed to.*

9 *Yours sincerely*

18 PERSÖNLICHE KORRESPONDENZ

E-Mail 25 ▶ Seite 114

1 *Dear Angela*

2 *I was delighted* to learn that you 3 *have been appointed* Regional Manager for Europe. 4 *May I wish you every success* in your new position, for which I am sure you have just 5 *the right qualities* and experience. My colleagues 6 *join me in sending you* our warmest congratulations, and we look forward to 7 *continuing our long association.*

8 *With best wishes*

19 MÄNGEL UND REKLAMATIONEN

E-Mail 26 ▶ Seite 119

Dear Mr Müller

1 *We took delivery* this morning of our order no. 671B.

2 *Regrettably*, some of the crates were damaged, and on unpacking them we found a number of breakages. We would suggest this is due either to 3 *inadequate packing* or to an accident in transit.

As sale was on a cif basis, we presume 4 *you will be claiming compensation* from the carrier. We estimate the value of the damage at around £2,500. We will, of course, be keeping the damaged crates and their contents 5 *for inspection.*

6 *Under the terms of* the guarantee, we would be most grateful if you could 7 *send a replacement* for the damaged items. A list of these is enclosed. We must ask you to 8 *attend to the matter with the utmost urgency* as this delay is 9 *causing us great inconvenience.*

We look forward to an early reply.

Yours sincerely

20 REKLAMATIONEN BEANTWORTEN

E-Mail 27 ▶ Seite 125

1 *Dear Mr Brown*

We were 2 *concerned to learn from* your fax of October 3rd that the consignment of microphone sets ordered from us was 3 *damaged on arrival.* We 4 *very much regret the inconvenience* this has caused you.

Upon investigation, we have ascertained that the consignment was packed 5 *in the usual manner*, which 6 *in our experience* is more than adequate for a journey of the kind undertaken. Any damage 7 *occurring in transit*, however, is the responsibility of the carrier, and we have 8 *handed the matter over to* our insurance company, who will be contacting you shortly.

I have asked one of our agents to arrange to call at your 9 *premises* to inspect the damage. In the meantime, a replacement for the damaged articles was dispatched today.

Once again, 10 *we apologize* for the inconvenience caused, and trust that you will find the replacements 11 *satisfactory*.

Yours sincerely

21 STELLENANGEBOTE UND BEWERBUNGEN

E-Mail 28 ▶ Seite 131

Dear Sir or Madam,

I would like 1 *to be considered* for the position of Executive Assistant / Marketing Coordinator 2 *as advertised* on eurojobs.com on November 3rd.

I joined Eventical in Stockholm 3 *after graduating* from The University of America, Business School, in Washington DC. During the two year postgraduate program I 4 *gained valuable experience*, first in the accounting and then in the export department. 5 *I am currently working* in the purchasing department, and have acquired detailed product knowledge of technical event equipment. The quality of Luxiphon merchandise presented at the trade fair in Birmingham this year impressed me and I was 6 *particularly interested* to see the new Mars and Retro models.

I realised I enjoy marketing when 7 *I worked part-time* for an events management agency in order to 8 *finance my undergraduate studies*. In addition to regular office duties, I was involved in the planning, advertising and organisation of high-profile events for up to 1,000 guests; my bilingual language skills and professional conduct were often required at receptions for the German Embassy and corporate events.

I am moving back to Berlin in December to be nearer my family and would very much welcome the opportunity to 9 *gain further experience* in the field of office technology in a challenging international environment.

10 *Attached is my CV* with further details of my career 11 *to date*, and two letters of recommendation.

I am 12 *available for a video interview* at any time and look forward to 13 *a favourable reply*.

Yours faithfully,

Sabine Strobel

22 BEWERBUNGEN BEANTWORTEN

E-Mail 29 ▶ Seite 137

1 Dear Ms Strobel

Thank you for 2 *your application for* the position of assistant to the Sales Manager. Your CV indicates that you may well have the qualities and experience 3 *we are looking for*.

I would be grateful if you would come to our office in Berlin for an interview on December 4th at 10 am. You 4 *will be expected* to remain in Berlin 5 *throughout the day* as the interview procedure includes a visit to the company premises and factory. You 6 *will be reimbursed* for all reasonable 7 *hotel and travelling expenses*.

I look forward to your rapid confirmation.

8 *Yours sincerely*

23 VIDEOKONFERENZEN

E-Mail 30 ▶ Seite 140

Dear Sir or Madam, customers and associates,

We are thrilled to be able to **1** *introduce* our new "Retro" product line in an online presentation on 26th October at 4 pm CET. Allow yourself to **2** *be amazed by* the technical capability of the Retro microphone range which promises a first-rate sound experience.

You are sure to be as excited as we are to welcome a lineup of special guests to the event including the internationally **3** *acclaimed* singer Louise Carlton as well as Phil White, CEO of the London Events Agency "Light-on" and Christie Turner, PR Manager at the record label "Street Stars". **4** *Following* the online presentation, our guests will be discussing the **5** *current challenges* in the music industry and will be happy to take your questions.

Please use this link to **6** *access the online event*:

https://videobizz.hs5q1/pop-5zq

Here at Luxiphon we are looking forward to you joining us online - and to seeing you next time you visit our Berlin showroom!

All our best wishes,

24 TELEFONIEREN

Text 31 ▶ Seite 143

Smith: Good morning, Electron. Julie Smith **1** *speaking*.

Müller: Good morning, this is Jens Müller, from Luxiphon in Berlin. **2** *I'd like to speak to* Angela Johnson please.

Smith: I'll **3** *put you through*.

Müller: Thank you.

Smith: Mr Müller... I'm afraid Ms Johnson's **4** *line is busy*. Would you like to **5** *hold?*

Müller: Thank you.

...

Smith: Thank you for holding, Mr Müller, but **6** *I'm afraid* Ms Johnson in now in a meeting. She won't be available until at least 3 this afternoon. **7** *Would you like to leave a message?*

Müller: It's **8** *quite urgent*. Could you put me through to someone else in the Purchasing Department? Perhaps Mr Morris?

Smith: Mr Morris is on holiday until next Thursday. Could someone in another department help you?

Müller: No, I don't think so. I'll leave a message for Ms Johnson. Could you **9** *ask her* to phone me **10** *as soon as possible?* There's a problem with the latest order.

Smith: Certainly. Could you spell your name please?

Müller: Of course, it's M - u - e - double l - e - r, Jens.

Smith: That's Jens **11** *with a y?*

Müller: No, Jens with a j. J - e - n - s.

Smith: Where can she reach you, Mr Müller?

Müller: I'll be **12** *out of the office*, so it'll be best if she calls my mobile... 0049 172 6687 (double 'oh' four nine... one seven two... double six eight seven).

Smith: Could I **13** *check* that please?

Müller: Of course.

Smith: 0049 172 6687

Müller: Correct.

Smith: I'll give her the message as soon as she gets out of the meeting.

Müller: Thanks for your help.

Smith: **14** *It's a pleasure*. Thank you for calling.

Müller: Goodbye.

Smith: Goodbye.

Sie sind dran! - Lösungsvorschläge

1 RESERVIERUNGEN VORNEHMEN

▶ Seite 25 - 26

1 I *would like* to *rent / hire* a car *for* the month of May. I would be *grateful* if you could send me your daily *rates* for a small four-seater car, and an indication *of* the current prices of petrol in Spain.

2 FOR RENT
beautiful villa on the island of Jersey.
Four bedrooms, each *with* private bathroom; spacious lounge with sea *view*; swimming pool with diving board.

3 Having seen your advertisement for the villa in Jersey, I *would be* interested *in booking* it from 1st-30th September.
Please *confirm* if it is available as *soon as possible*.

4 I would like *to rent* a caravan *for* the weekend. I *would be* grateful if you *could* send some information on the different models available, as well as an *indication* of your *current* rates.

5 I am *writing* to you in order to *book* a flight to Barbados *on* 10th July. I will be travelling with my wife and two children, and therefore will *require* four seats. We *would like* to travel first class. I would be *grateful* if you could confirm the booking as *soon as* possible, as I must also make arrangements to *rent / hire* a car for our stay.

2 TERMINE VEREINBAREN

▶ Seite 33

1 *With* reference *to* my letter *of* April 12th, I am *planning to be* in London next week. I would like to *take* the opportunity to present our new catalogue. *May* I suggest 5th May *at* 3 pm? Should you be *unavailable* on this date, you might like to propose an alternative arrangement.

2 I *am planning* to travel to Kent *on* 15th March and intend to visit our factory in the region. I hope to *have the* pleasure *of* meeting you during my stay. I *would* suggest 17th March *at* 5 o'clock at your office. *Please* confirm if you *are* available at this time and I will make the necessary arrangements.

3 I am *going to go* to Somerset in June *for* the Flower Festival. I was *wondering* if we could meet somewhere *for* lunch. *How about* the Bull Inn on Friday the 12th *at* 2 pm?

4 I *am travelling* to Dhaka next Monday. I have meetings all day but I *am* free in the evening. *Will* you have time to meet? I *would suggest* the Hilton Hotel *at* 7 pm in the lobby.

5 Dear William
I am planning to come / fly to London on a business trip at the beginning of March.
I was wondering if we could meet for a drink. How about in front of Victoria Station on Monday, 8th March at 9 pm?
[Ihr Name]

3 RESERVIERUNGEN BESTÄTIGEN

▶ Seite 39

1 We *regret* to inform you *that* there are no bicycles *available* for the period you require. We *suggest* you contact the Cambridge Bicycle Centre. *They may be able* to help you.

2 I am writing *to confirm* your reservation *for* three first class seats on Friday's flight *to* Bangkok, arriving on 30th July. Please find enclosed your tickets and our invoice.

3 *Thank you* for your letter of 7th May. We are *pleased* to confirm your reservation *for* a yacht *from* 4th June - 3rd July. Enclosed are our charges and our conditions of hire.

4 With reference to *our* telephone conversation of 13th April, we are pleased *to confirm* your reservation *for a* package tour to India *for* two people.

4 TERMINE BESTÄTIGEN

▶ Seite 45

1 I'm *afraid* I won't be able to make it *to* the theatre on Friday as I have *something else* on.

2 With reference to your letter *of* 6th March, I *would like* to confirm that I will be *able* to meet you *on* 20th May to discuss a possible partnership.

3 Much *to my regret*, I am obliged to cancel our *forthcoming* meeting, *owing to* a sudden illness. I *apologize* for any *inconvenience* caused, and I will contact you as soon as possible to *arrange* another meeting.

4 In reply to your letter *of* 20th January, I would *be* pleased to meet you *on* Friday, but *would* prefer it if the meeting could be postponed to later in the afternoon.

5 Dear Thomas
I'm afraid I will have to cancel breakfast on Thursday. My boss has just told me I have to go on a business trip to Paris on Thursday and Friday. How about breakfast next Tuesday?
Hope to see you then!
Yours
[Ihr Name]

5 INFORMATIONEN EINHOLEN

▶ Seite 52 - 53

1 While *recently visiting* your factory, *I was* very impressed with your manufacturing procedures. *I would* be interested to know *whether* you produce smaller sizes of model number 2. I would like to *order* 500 pairs *of* sunglasses, model no. 546. *If you can* satisfy these requirements, please *inform my* secretary at the *above* address.

2 Having *visited* your stand *at* the trade fair, I would *be grateful for* details about your cookware set in black retro style. Please *contact* me *at* my office under this number.

3 We are wholesalers in the tea trade, and we *would like* some information *on* the types of tea you produce. Would you *kindly* send *us* your latest catalogue *with* prices, as well as a selection of samples?

4 Having read your advertisement in the local newspaper, I would be very grateful if you could send me the free catalogue you mentioned with samples.

6 BESTELLUNGEN AUFGEBEN

▶ Seite 58

1 I *would like to order* 38 large coffee mugs for delivery *by* 23rd December at *the latest*. *Please acknowledge* this order by return of post.
2 *Thank you for* your quotation *of* 6th November. We *are* pleased *to place* an order *with* you for the *following* items. Please *confirm* that you can supply the goods *by* the end of the month.

3 Thank you *for* your quotation. We feel however that your *products* do not meet our *requirements*. We shall therefore not *place* an order with you.

4 We have pleasure in placing *an order for* 500 USB sticks and 300 in-ear headphones for *immediate* delivery. Please sign the *duplicate* of this order and return it to us as an acknowledgement.

5 We enclose our order for 20 pairs of shoes, model Cinderella, size 36 (5) for immediate delivery.

7 BESTELLUNGEN BEANTWORTEN

▶ Seite 62

1 We *are pleased* to acknowledge your order no. 70 *of* 5th January. We *have pleasure in confirming* that delivery will *be made* by 15th January.

2 Thank you for your order no. 56. Delivery will be made by 19th May as requested.

3 *Thank you* for your order no. 45. As requested we *enclose* the copy, *duly* signed *in* acknowledgement. Your order is already *being processed* and will be ready for delivery *before the end of* next week.

4 Thank you for your order no. 95-SP8. We regret to inform you that the goods ordered are out of stock and that delivery can only be made in three weeks' time.

8 KOSTENVORANSCHLÄGE

▶ Seite 66 - 67

1 In *reply to* your enquiry of 5th December, we are pleased to *enclose* a detailed quotation *for* the goods specified. We can allow a 3 % discount *on* all orders *exceeding* £50. Prices are *subject to* change without *notice*.

2 We are pleased *to enclose* a quotation *for* the renovation of your premises. The work carries a guarantee of one year *subject to* your prior approval of the completed renovation. We enclose our most *recent* catalogue to give you an indication of the materials available. We also *enclose* our *latest* price list.

3 In *reply to* your enquiry of 1st September we are pleased *to enclose* the requested quotation *for the* goods specified. This range is a special *introductory* offer, with a 5 % discount *on* your initial order. If you wish to take advantage *of* this offer, please fill *in* the *enclosed* form.

4 With *reference* to your enquiry *of* 8th January, we have pleasure *in* enclosing a quotation *for* the goods specified. Please let *us* have your order as soon as possible, since *supplies* are limited.

9 ZAHLUNGSBEDINGUNGEN UND RECHNUNGEN

▶ Seite 74

1 Our usual *terms of payment* are 60 days *net*. We can *allow* you 1 month's further *credit* for repeat *orders*. Payment *should be made* by bank transfer.
2 *Enclosed* is our invoice *amounting to* £500. Would you kindly *forward* your remittance *in settlement* of the above as soon as possible.

3 We *have pleasure in* enclosing our *banker's* draft *for* €200 *in* settlement of the enclosed invoice no. 334. Please *acknowledge* receipt *by* return *of* post.

4 We are not in a *position* to offer credit, but we can *offer/allow* a discount *on* all orders *exceeding* $300.

5 We *confirm* with thanks *receipt of your* banker's draft for CNY572, sent in payment of order no. 910. We *are looking forward* to receiving your next order.

10 LIEFERBEDINGUNGEN

▶ Seite 79

1 We refer to our order of 30th October. Please note that delivery should be made by 15th November by sea and rail freight, ex works, delivery duty paid.

2 We *refer to* your order *for* 500 pairs of green socks. The items are *in* stock and should be ready *for* dispatch by next week. Delivery *will be* made *within* one month of processing the order.

3 Owing *to* problems *in* our manufacturing plant, we are *unable* to deliver your order no. 77 *by* October 9th as requested. *Unless* we receive *instructions* from you *to* the contrary, we will *assume* that your order still stands and will *dispatch* the goods as *soon* as the problem is rectified.

11 ZAHLUNGSERINNERUNGEN

▶ Seite 84

1 As we *have not yet* received payment *for* our invoice no. 609, we would be grateful if you could forward *your remittance* as *soon as* possible.

2 *Despite two* previous reminders your account is *still* outstanding. *Unless* payment reaches us *within* the next seven days, we shall have to take *legal proceedings*.

3 Thank you for your reminder for invoice no. 703B. We have already sent the amount due and request that you confirm receipt of our payment.

12 VERHANDLUNGEN UND VEREINBARUNGEN

▶ Seite 89

1 We are a trading company *specialising* in the marketing and sales of construction equipment *to* the Asian market. We *would be interested in* an agency agreement for the commercialisation of your products *in* this part of the world.
2 We are retailers *of* video games and *are* interested in acting as agents *for* you in Australia. We *enclose* our brochure detailing our activities. We look *forward to receiving* your comments *on* this proposal.

3 We *are a* distribution company *specialising in* computers and *would* be interested in a partnership *for* the distribution of your products, to cover the whole *of* Northern Europe. If you are interested *in* this proposal, please get in *touch* with us as soon as possible.

13 VERTRÄGE AUFSETZEN

▶ Seite 93

1 With *reference to* your letter of 9th September, I am *pleased* to confirm the franchise agreement authorising you to set up a branch of our company in Brazil. *Enclosed* are two copies of the franchise agreement. Please *sign both* copies and *return* one to me.

2 The general conditions of the contract are as follows:
The contract is *limited* initially to 5 years, but may be *renewed* for a further year *based on* an annual evaluation of your company's performance.
Our representatives work *on* a commission *basis*. Commission is *payable on* all orders.

14 DANKSCHREIBEN

▶ Seite 97

1 Dear Tom and Hazel
Many thanks for the lovely evening last week. I haven't enjoyed myself so much for a long time and, Hazel, we simply loved the excellent meal – but then we didn't really expect anything else!
Hope to see you again soon!
Best wishes
[Ihr Name]

2 Please *accept* my warmest thanks *for* your kind *hospitality* during my visit to Nairobi last week.
3 I *am most grateful to* you for the useful advice and the interesting documents you gave me *on the occasion of* our last meeting.

15 ANGEBOTE UND EINLADUNGEN

▶ Seite 103 - 104

1 The President of Europa Ltd. *requests* the *pleasure* of your company *at* a luncheon to take *place* at the York Hotel, Chelsea *on* Thursday, 5th March, *at* 1 o'clock, in *honour of* his retirement.

2 We are going to the theatre next week with a few friends and *would be very pleased* if you *could* come.

3 Filip and Axel Balstad request the *pleasure* of your *company* at a banquet *to be* held *at* the Nordic Hotel, on Friday 21 April, *at* 6 pm.

4 We *are having* some friends over *for* lunch next Sunday. We would be *very pleased* if you *could* join us.

5 I wondered *whether* you would be interested *in* going *to* a museum next week. Let me know whether you *are / will be able to* come.

16 EINLADUNGEN BEANTWORTEN

▶ Seite 109

1 Mr and Mrs Patel *thank* Mr and Mrs Cavendish *for* their *kind* invitation *to* dinner, which they are regretfully *unable* to accept *owing* to a prior engagement.

2 *Thanks a lot* for the invitation *to* dinner. I *am afraid* I won't *be able* to make it as I am going on holiday next week.

3 Thank *you* very much *for your kind invitation* to spend a weekend in Amsterdam. We *would be* delighted to *come*.

17 GESCHÄFTLICHE MITTEILUNGEN

▶ Seite 113

1 You will be *interested to know* that we have just brought out a new *range* of acoustic filter systems. To *mark* the occasion, we *are offering* a discount on all orders *exceeding* €2000. We *have sent* you our latest catalogue *under* separate cover.

2 We *are pleased* to announce the merger of *our company* with United Motors Ltd. As *a result* of this merger we *are able* to offer a much wider *range* of cars at reduced *prices*.

3 To mark the opening of *our new* factory *in* Utrecht, we *are offering* 5% off list-price if *we receive* your order within the next month.

4 You *will be* interested to know that we have recently brought *out* our *brand-new* selection *of* climate-neutral hairsprays. You *will* find this improved formula *of* the hairspray *even more* economical and easy to use.

18 PERSÖNLICHE KORRESPONDENZ

▶ Seite 118

1 I was *sorry* to *hear* that you have been taken ill. Please *accept* my very best wishes for *a complete and speedy* recovery.

2 We were deeply sorry to hear *of* Henry's tragic death. Please *pass on* our sincere condolences *to* his wife and family.

3 It came to my notice recently *that* after 15 years *of doing* business together, your company *has* become one of *our* oldest customers. I *should like* to take the opportunity of *thanking* you for *your* regular patronage.

4 I *was pleased* to learn *that* you have been appointed Sales Manager. *I* wish you *every success* in your *new* position. With *best* wishes.

19 MÄNGEL UND REKLAMATIONEN

▶ Seite 124

1 Order no. 45 *was delivered* yesterday. When we *opened/examined* the crates we found that several items were missing. A list of the missing articles is *enclosed*. Please arrange for *replacements* of these goods to *be sent* as soon as possible.

2 We *regret* to inform you that our order no. 89 *has* not arrived. This *delay* is causing us great *inconvenience* as we have a very tight production *schedule*.

3 I am extremely *concerned about* your repeated failure to *deliver* our consignments on time. If there is no improvement I am *afraid* we shall have to take our custom elsewhere.

4 I *refer* to your invoice no. 789, in which we have noticed a number of *errors*. I would *be grateful if* you would look into this and *send* us a *new* invoice.

20 REKLAMATIONEN BEANT-WORTEN

▶ Seite 129

1 We were *concerned* to learn *from* your email *of* 5th June that the *consignment* of porcelain plates was damaged on arrival. We have arranged *for* a replacement to be *dispatched* immediately.

2 We have *discovered* that a mistake was *made* in our dispatch *department*. We *apologize* for the inconvenience this has *caused* you, and will *forward* the missing goods as soon as possible.

3 Please accept our sincere *apologies* for the delay, which is due *to* strikes in this country. We are *doing everything* in our power to *make sure* this consignment *arrives* as soon as possible.

4 We *very much regret* giving you cause *for complaint*. The discrepancy was *due to* a typing error, which has now been *rectified*. We enclose a *modified* invoice.

21 STELLENANGEBOTE UND BEWERBUNGEN

▶ Seite 136

1 I wish *to apply for* the position of salesman as advertised *in* Tuesday's Herald Tribune. This is a *position* for which I believe I am *ideally* suited.

2 I *am looking* for a position *in* computer programming *with* a large international company. For the *past* 5 years I *have been* employed *as a* computer programmer *at* Hi-Tech Inc. I speak *fluent* Spanish and have *already acquired some* experience of working abroad.

3 Kathrin Schmidt
Hauptstr. 215
70174 Stuttgart
Germany

The Personnel Manager 24th November 20..
Harriett Cosmetics Company Ltd.
25 King's Road
London SW1
England

Dear Sir or Madam

I was interested to learn that your company is currently looking for a marketing manager.

For the past seven years I have worked in the marketing department of a fashion company and have been employed as assistant to the marketing manager for just over two years I am currently responsible responsible for liaison work with our advertising agencies in England and France and so have a good working knowledge of the two languages, as well as my own (German).

As I use your products myself, and have done for a long time now, I would be delighted to have the opportunity of working for your company and am keen to broaden my knowledge in the field of marketing.

I enclose a copy of my Curriculum Vitae which will give you further particulars of my career to date and will be happy to supply any other details you may require.

I am available for interview at your convenience and look forward to hearing from you in the near future.

Yours faithfully

Kathrin Schmidt

22 BEWERBUNGEN BEANTWORTEN

▶ Seite 139

1 We regret *to inform you* that we have no vacancies at *the present* time.

2 The *applicants* were all of a very high standard, and I am sorry to *have* to inform you that the position has *already* been *filled*.

3 Thank you for your application for the position of sales representative.
We are pleased to inform you that we would like you to come for an interview on 17th November at 2 pm.

23 VIDEOKONFERENZEN

▶ Seite 142

1 As agreed by telephone, any aspects of our cooperation agreement still *requiring* clarification will be discussed in a video conference *on* 15th March at 11 o' clock. You can *access* the *virtual* meeting room by clicking on the link below.

2 Dear *co-workers*,
Prior to our weekly update meeting I am sending you the brochure *design* for our new product line. Please *take a look* in advance so that we can *talk* about it in the video conference this Monday. See you then!

3 *Dear co-workers*,
Our next departmental meeting will be taking place on 12th May via video conference. Please find the agenda attached and feel free to inform me of any further items which should be added. I will send the link to the video conference separately.
Best regards,

24 TELEFONIEREN

▶ Seite 150

1 1c - 2a - 3d - 4b ⓵ 13

I'm sorry I kept you waiting for so long. I'm pleased you didn't *hang up*! If you can *hold on* for a few more minutes I'll try to *put you through* to someone who can help. If we get *cut off* I'll call you straight back!

2 ⓵ 14

1. Hello, Pearson and Sons. Barbara Fellowes speaking.
2. Hello. Could I speak to William Johnson please?
3. Who's calling?
4. Sam Carter from Polytex.
5. Just a moment please. I'll see if he's available… I'm afraid he's out of the office.
6. Do you know when he'll be back? It's rather urgent.
7. I'm afraid not. It will probably be later this afternoon.
8. Could I leave a message please?
9. Certainly Mr. Carter.
10. Could he call me back before 4.00 pm today? My number's 07126 390458.
11. Can I just check that? Please telephone Mr. Carter from Polytex before 4.00 pm today on 07126 390458.
12. Yes, that's right.
13. I'll give him the message as soon as he gets in. Goodbye Mr. Carter.
14. Thanks for your help. Goodbye.

3 ⓵ 15

Jane: Luxiphon, Jane Cooper.

Tom: Hello, this is Oliver Mackintosh from Telewares in Guildford.

Jane: Hello Mr Mackintosh. How can I help you?

Tom: I am calling *on behalf of* my boss, Mr Cunningham. We placed an order for 200 new STYLE phones a month ago but unfortunately the shipment hasn't arrived yet. The last consignment we received from Luxiphon was damaged, *there seems to be* a problem with your forwarding company.

Jane: Oh, I do apologise! Has the issue of damaged goods been resolved?

Tom: Yes, it has. Thank you. But now I need to know what has happened to the STYLE delivery. Do you *happen to know* anything about it?

Jane: Unfortunately I don't, but I'*ll get onto it* immediately and call you back. Could you give me the order number please?

Tom: Sure. It is ST/3401, but could you call me back *by* 12 because I'll be in meetings all afternoon?

Jane: Of course, I'll do my best. Once again, please accept our *apologies*. I will get back to you as soon as I have identified the problem. Thank you for your patience.

Tom: That's all right. Good bye.

Jane: Good bye.

4 ⓵ 16

Lisbeth: Hi, you've 1 *reached* Lisbeth Antonson. Sorry, I'm not 2 *available* to take your call right now. Please leave your name, telephone number and a short message and 3 *I'll get back to you* as soon as possible.

Jens: Hi Lisbeth, Jens here, Jens Müller. I 4 *just* wanted to re-confirm our arrangements for tomorrow evening. There 5 *has been* a slight change of plan. Please call me back on 0049 160 783872094 when you have 6 *a spare minute*. Bye for now.

5 ⓘ 17

Priscilla: Priscilla Long, Jones and Partner, reception, how can I *help you*?

Steve: Hello, this is Steve Dark, I would like an *appointment* with Mrs Jones.

Priscilla: Of course, does Mrs Jones know you require an appointment?

Steve: Yes, she *asked* me to make it with you. I would like to *meet* her some time next week if that is possible.

Priscilla: Sure. Let me check. You could meet her on Wednesday at 11 o'clock in her office.

Steve: That sounds great.

Priscilla: OK, Mr Dark, I'll check back with Mrs Jones and send you a confirmation as soon as possible.

Steve: Thank you very much.

Priscilla: You are welcome.

6 ⓘ 18

◆ Good morning, George and Partners. Can I help you?

☐ Good morning, I'd like to speak to Fred Williams.

◆ I'm afraid he's out of the office. Who's calling please?

☐ Sally Greerson, from Profix.

◆ I'm sorry, could you repeat that please?

☐ Of course. Sally Greerson from Profix. Could you please ask Fred to call me when he returns?

◆ Of course, Ms Greerson. Could you tell me your number, please?

☐ Certainly. 02143 995766

◆ Let me repeat that. Was that 02144 995766?

☐ No, 02143.

◆ I'll pass the message on as soon as Mr. Williams returns.

☐ Thank you. Goodbye.

◆ Goodbye.

Nützliche Wendungen

Briefanfang

Informieren, ankündigen

Wir freuen uns, Ihnen mitteilen zu können … .	We have pleasure in announcing… .
Wir freuen uns, Sie davon in Kenntnis zu setzen, … .	We are pleased to inform you… .
Es wird Sie interessieren, dass … .	You will be interested to know that… .

Bestätigen

Wir bestätigen Ihnen (hiermit) … .	We (hereby) write to confirm… . / This is to confirm… .
Wir freuen uns, (Ihnen) zu bestätigen … .	We are pleased to confirm… .
Mit größtem Vergnügen (würde ich) … .	I would be delighted to… .
Wir sind von … sehr beeindruckt.	We are very impressed by… .

Empfang bestätigen

Wir danken Ihnen für Ihren Brief vom … .	(We) Thank you for your letter of… . / We acknowledge with thanks your letter of… .
Wir haben … erhalten.	We have received… .
Wir bestätigen den Erhalt von … .	We acknowledge receipt of… .

Sich auf einen vorausgegangenen Kontakt beziehen

Bezug nehmend auf unser Telefongespräch … .	As per / Following our telephone conversation … .
Wie in meinem Brief vom … erwähnt … .	As mentioned in my letter of… .
Bezug nehmend auf Ihren Brief vom … .	With reference to your letter of… .
Wir beziehen uns auf Ihren Brief vom … .	We refer to your letter of… / Further to your letter of… .

Auf Anlagen hinweisen

In der Anlage erhalten Sie … .	Please find enclosed… . / We enclose… .
Anbei finden Sie … .	Enclosed is / are… .
Wir freuen uns, … beizufügen.	We have pleasure in enclosing… .
Wir schicken … mit getrennter Post.	We are sending… under separate cover.
Wir freuen uns Ihnen … vorzulegen / zu unterbreiten.	We are pleased to submit… .

Einem Termin zustimmen

Montag um 10 Uhr würde mir zusagen.	Monday at 10 am would suit me perfectly.
Dienstag passt mir sehr gut.	Tuesday is fine by me. *(informell)*

Ablehnen, ein Angebot zurückweisen

Es tut uns leid, Ihnen mitteilen zu müssen, dass	We regret to have to announce / to have to inform you that... .
Es tut uns leid, Sie davon in Kenntnis zu setzen	We regret to inform you... .
Leider fürchte ich, dass	Unfortunately, I am afraid that... .
Sehr zu meinem Bedauern	Much to my regret... .
Ich kann nur ... bedauern.	I can only regret... .
Wir sind nicht in der Lage, ... anzunehmen.	We are not in a position to accept... .
Es ist mir nicht möglich, ...	It is not possible for me to... .
Es kann keine Frage sein, dass	There can be no question of... .
Es steht außer Frage.	It is out of the question.

Anfragen

Eine Bitte formulieren

Könnten Sie ... ?	Could you please... ?
Ich wäre Ihnen dankbar, wenn Sie	I should be grateful if you would... .
Ich wäre Ihnen dankbar, wenn Sie ... könnten.	I would be obliged if you would... .
Wir wären dankbar, wenn	We should be glad if... .
Wir wären (sehr) dankbar für	We would be (most) grateful for... .
Wären Sie so freundlich, ... ?	Would you kindly... ?
Wäre es Ihnen möglich, ... zu ... ?	Would it be possible for you to... ?
Würden Sie bitte ... ?	Please would you... .
Wir möchten	We would like... .
Sie werden gebeten, ...	You are requested... .

Informationen einholen

Könnten Sie uns mitteilen, ob ... ?	Could / Would you let us know if... ?
Wir wüssten gern, ob ... oder	We would be interested to know whether / if... .
Könnten Sie mir sagen, ob ... ?	Could you tell me whether / if... ?
Bitte nachsenden an	Please forward to... .
Bitte schicken Sie mir	Please send me... .
Könnten Sie mir freundlicherweise ... zuschicken?	Would you kindly send me... ?
Bitte machen Sie mir genauere Angaben zu	Please give me details of... .

Um eine Antwort oder Bestätigung bitten

Bitte antworten Sie ... ... umgehend. ... postwendend.	Please reply... ... without delay. ... by return of post.
Bitte lassen Sie (es) uns schnellstmöglich wissen.	Please let us know as soon as possible.
Schicken Sie Ihre Antwort bitte an ...	Please send your reply to... .
Setzen Sie sich bitte mit ... in Verbindung.	Please contact... .
Bitte bestätigen Sie	Would you please confirm... ?

Vorschläge, Angebote, Einladungen

Vorschlagen

Darf ich vorschlagen, ... ?	May I suggest... ?
Ich würde vorschlagen, ...	I would suggest... .
Wir können Ihnen ... vorschlagen.	We are able to suggest... .
Sie könnten	You could... .
Sie könnten vielleicht	You might... .
Ich schlage vor, dass	I propose that... .
Was meinen Sie zu ... ?	What would you say about... ?
Es wäre sinnvoll, ...	It would be sensible... .
Wenn es Ihnen nichts ausmacht, ...	If you don't mind... . *(informell)*

Ein Angebot machen

Wir bieten (Ihnen) ... (an).	We are offering... .
Wir können Ihnen ... anbieten.	We are able to offer you... .
Diese Ware ist im Sonderangebot.	These goods are / This product is on special offer.
Wir würden sehr gern	We would be delighted to... .

Einladen

Wir würden uns sehr freuen, wenn Sie zu / für ... zu uns kämen.	We / I should be delighted if you would join us for... .
Ich möchte Sie ... einladen.	I would like to invite you... .
Sie sind eingeladen, sich uns ... anzuschließen.	You are invited to join us / me... .

Reklamationen

Reklamieren

Wir möchten Sie daran erinnern, dass	We would like to remind you that... .
Leider müssen wir Ihnen mitteilen, dass ... sich nun beträchtlich verspätet hat.	We regret to inform you that... is now considerably overdue.
Wir bedauern, Ihnen mitteilen zu müssen, dass ... noch nicht angekommen ist.	We regret to have to inform you that... has not yet arrived.
Bitte bringen Sie in Erfahrung, warum die Lieferung von ... noch nicht erfolgt ist.	Please look into the non-delivery of...
Wir bitten um eine Überprüfung / Erklärung	We should like to query... .
Leider muss ich mich über ... beschweren.	I regret to have to complain about... .

Auf ein Problem aufmerksam machen

Wir möchten Sie auf die Tatsache hinweisen, dass	We would like to draw your attention to the fact that... .
Es / Da muss ein Fehler vorliegen.	There must be some mistake.

Gewissheit, Vermutung, Zweifel

Gewissheit zum Ausdruck bringen

Es ist klar, dass … .	It is clear that… .
Es besteht kein Zweifel, dass … .	There is no doubt that… .
Wir sind (davon) überzeugt, dass … .	We are convinced / confident that… .
Wir werden (es) nicht versäumen, zu … .	We shall not fail to… .

Vermutungen aufstellen

Es ist sehr wahrscheinlich, dass … .	It is quite possible that… .
Es hat den Anschein, dass … .	It would seem that… .
Alles scheint darauf hinzuweisen, dass … .	Everything seems to point to the fact that… .
Sollte dies unpassend / ungelegen sein, … .	Should this not be convenient… .
Sollten Sie nicht verfügbar sein, … .	Should you be unavailable… .
Sollte dies nicht mit … übereinstimmen, … .	If this does not fit in with… . *(z. B. Pläne)* / If this does not correspond with… . *(z. B. Rechnungen)*

Zweifel und Befürchtungen zum Ausdruck bringen

Leider … .	Unfortunately… .
Ich fürchte, dass … .	I am afraid that… .
Wir bezweifeln, dass … .	We doubt very much whether… .
Es könnte eine Verzögerung eintreten.	This could cause a delay.

Sich entschuldigen

Es tat uns leid zu hören, dass … .	We were sorry to hear that… .
Es tut uns sehr leid um … / , dass … .	We are very sorry for / that… .
Wir entschuldigen uns für … .	We apologize for… .
Wir bitten Sie ganz herzlich, uns für … zu entschuldigen.	Please accept our sincere apologies for… .
Wir müssen uns für … entschuldigen.	We must apologize for… .
Bitte entschuldigen Sie … .	Do forgive us for… .

Sich bedanken

formell:

Ich möchte mich aufrichtig für ... bedanken.	I should like to express my sincere thanks for... .
Wir sind Ihnen für die Art und Weise, in der Sie ..., zu größter Dankbarkeit verpflichtet.	We owe you our most sincere thanks for the way in which you... .
Es war sehr freundlich von Ihnen	It was most kind of you... .
Wir möchten Ihnen für ... danken.	We would like to thank you for... .
Wir bedanken uns sehr für	We are most grateful for... .
Wir bedanken uns ganz herzlich für	Please accept our warmest thanks for... .
Wir möchten unserer Dankbarkeit / unserem aufrichtigen Dank für ... Ausdruck geben.	We would like to express our gratitude / our sincere thanks for... .

informell:

Wir danken für	Thank you for... .
Danke für	Thank you for... .
Vielen Dank für	Many thanks for... .

Glück- und Genesungswünsche, Beileidserklärungen

Herzliche Glückwünsche.	Many congratulations.
Wir senden unsere herzlichsten Glückwünsche.	Please accept our warmest congratulations.
Wir wünschen Ihnen allen erdenklichen Erfolg.	We wish you every success.
Ich sende Ihnen meine (aller)besten Wünsche für eine rasche Genesung.	I send you my (very) best wishes for a speedy recovery.
Ich möchte Ihnen alles Gute zum Geburtstag wünschen.	I would like to wish you a very happy birthday.
Darf ich Ihnen mein herzliches Beileid ausdrücken?	May I offer you my sincere condolences?

Briefschluss

Wir möchten uns nochmals für Ihre Hilfe bedanken.	Thanking you once again for your help.
Mit bestem Dank im Voraus.	Thanking you in advance.
Bei etwaigen Rückfragen stehen wir Ihnen gerne jederzeit zur Verfügung.	Please do not hesitate to contact us if you require any further information.
Wir freuen uns darauf, ... zu bekommen.	We look forward to receiving... .
Wir freuen uns auf eine baldige Antwort.	We look forward to hearing from you soon.

Interne Organisation

Das Organigramm zeigt beispielhaft die wesentlichen Funktionsbereiche eines Unternehmens.

Organigramm

Managing board
Geschäftsleitung

Legal department
Rechtsabteilung

- **Contract supervision** – Vertragswesen
- **Compliance management** – Compliance
- **Assurance management** – Versicherungen
- **Patent division** – Patente
- **Legal counseling** – Rechtsberatung

Rechnungswesen

- **Controlling** – Controlling
- **Accounts department** – Buchhaltung

Verwaltung

- **IT-Service** – *IT-Service*
- **Switchboard** – Telefonzentrale
- **Caretaker service** – Hausmeister
- **Cafeteria** – Kantine
- **Stationery and office supplies** – Materialbeschaffung
- **Transport fleet** – Fuhrpark

Human resources department
Personalabteilung

- **Recruitment** – Personalbeschaffung
- **Human resources development** – Personalentwicklung
- **Apprenticeship** – Ausbildung
- **Payroll and pensions** – Gehaltsabrechnung

Data protection
Datenschutz

Works council
Betriebsrat

Production
Produktion

- **Purchasing** – Einkauf
- **Production** – Herstellung
- **Quality control** – Qualitätskontrolle
- **Warehouse** – Lager

Marketing department
Marketing

- **Market research** – Marktforschung
- **Advertising** – Werbung
- **Public relations** – Öffentlichkeitsarbeit (PR)

Sales department
Vertrieb

- **Field service** – Außendienst
- **Orders processing** – Bestellungen
- **Customer service** – Kundenservice
- **After-sales service** – Kundendienst
- **Licences (BE)/Licenses (AE)** – Lizenzen

Die häufigsten Funktionsbezeichnungen

Abteilungsleiter*in	head of department
Angestellte*r	employee
Arbeiter*in	worker
Assistent*in	assistant
Aufsichtsratsmitglied	supervisory board member
Aufsichtsratsvorsitzende*r	chairman/-woman of the supervisory board
Bezirksleiter*in	district manager
Filialleiter*in	branch manager
Gebietsleiter*in	area manager
Geschäftsführer*in	managing director, chief executive officer (CEO)
Gruppenleiter*in	team leader
Leitende*r Angestellte*r	executive, manager
Personalleiter*in	personnel manager, head of personnel/human resources, HR manager
Regionalleiter*in	regional manager
Stellvertreter*in	deputy
Vorgesetzte*r	superior
Vorstandsmitglied	board member, director
Vorstandsvorsitzende*r	chief executive officer (CEO), chairman/-woman of the board (of directors), president (US), managing director (BE)
Werksleiter*in	factory manager / works manager

Anmerkungen

- In angelsächsischen Firmen vereint ein **board** normalerweise die Funktionen des Aufsichtsrats (**supervisory board**) und des Vorstands (**management board**).
- In den USA wird der/die *Vorstandsvorsitzende*r* auch häufig als **president** bezeichnet. Ein **vice president** ist aber nicht die Stellvertretung für den/die **president**, sondern die Bezeichnung für die Hierarchieebene direkt darunter, also die Bereichs-/Ressortleitung.
- Die Begriffe **chief executive officer (CEO)** und **managing director** können sowohl eine/n *Vorstandsvorsitzende*n* als auch eine/n *Geschäftsführer*in* in einem Unternehmen ohne Vorstand bezeichnen.
- Die Bezeichnung **boss** wird nur umgangssprachlich für den/die *Vorgesetzte*n* benutzt.

Begriffe rund um das Arbeitsverhältnis

Arbeitgeberverband	employers' federation
Arbeitsagentur/Arbeitsamt	job centre (BE), employment office (US)
Arbeitsessen	business lunch/dinner
Arbeitsunfall	accident at work
Arbeitszeit	working hours
Arbeitszeugnis	reference

Aufenthaltserlaubnis	residence permit
Aushilfskraft	temporary assistance
Auszubildende*r	apprentice
Beförderung	promotion
Berufsausbildung	professional/vocational training, apprenticeship
Betriebsrat	works council
Dienstreise	business trip
Einstellung	taking on
Elternzeit	parental leave
Entlassung	dismissal
Facharbeiter*in	skilled worker
Gehaltsabrechnung	salary statement, pay slip
Gehaltserhöhung	pay rise, salary increase
Gehaltsvorschuss	advance on salary
Gehaltszulage	salary bonus
gesetzliche Krankenversicherung	national insurance
Gewerkschaft	(trade) union
Gleitzeit	flexihours, flexitime
Krankschreibung	notification of sickness, sick note
Kündigung	handing in one's notice
Kurzarbeit	short-time work
Lohnsteuer	income tax
mobiles Arbeiten	mobile work
Mutterschutz	maternity leave
Pause	coffee/lunch/tea break
Pforte	gate
Praktikant*in	trainee, intern (US)
Reisekostenabrechnung	claim for travelling expenses
Rentenversicherung	pension scheme (BE), retirement plan (US)
Schichtarbeit	shift work
Sekretär*in	secretary
Sozialversicherung	national insurance (BE), social security (US)
Streik	strike
Tarifvertrag	collective agreement
Teilzeitkraft	part-timer, part-time employee / worker
Überstunden	overtime
Unternehmensversammlung	all-hands meeting
Vollzeitkraft	full-time employee / worker
Vorarbeiter*in	foreman / forewoman
Zielvereinbarung	target agreement

Anmerkung

Da die Arbeitsbedingungen in allen Ländern sehr unterschiedlich geregelt sind, gibt es oftmals keine genau treffende Übersetzung für einen deutschen Fachbegriff – oder es gibt mehrere Übersetzungen mit leicht unterschiedlicher Bedeutung.

Wichtige Abkürzungen

a/c	account	Konto
am	ante meridiem	morgens; vormittags
asap	as soon as possible	so bald wie möglich
Assn	Association	Verband
attn.	(for the) attention (of)	zu Händen von (z. Hd.)
B/E	bill of exchange	Wechsel
B/L	bill of lading	Frachtbrief
cc	copy to, copies	Kopie an
cf.	compare	vergleichen
cfr	cost and freight	Kosten und Fracht
CGT	capital gains tax	Kapitalertragssteuer
cif	cost, insurance and freight	Kosten, Versicherung und Fracht
cip	carriage and insurance paid to	frachtfrei versichert
CIS	Commonwealth of Independent States	Gemeinschaft Unabhängiger Staaten (GUS)
C/N	credit note	Gutschrift
Co	company	Firma (Fa.), Gesellschaft
c/o	care of	zu Händen von
cod	cash on delivery	Zahlung gegen Nachnahme
Corp.	Corporation	Gesellschaft
cpt	carriage paid to	frachtfrei
CR	credit	Guthaben
cwo	cash with order	Bezahlung bei Bestellung
D/A	documents against acceptance	Dokumente gegen Akzept
DD	direct debit	Direktabbuchung
ddp	delivery duty paid	geliefert verzollt
ddu	delivery duty unpaid	geliefert unverzollt
deq	delivered ex quay	geliefert ab Kai/verzollt
des	delivered ex ship	geliefert ab Schiff
DN	debit note	Lastschriftanzeige
D/P	documents against payment	Dokumente gegen Kasse
eg	for example	zum Beispiel
enc(s)	enclosure(s)	Anlage(n)
EXW	ex works	ab Werk
fao	for the attention of	zu Händen von

fas	free alongside ship	frei Längsseite Schiff
fca	free carrier	frei Frachtführer
fob	free on board	frei Schiff, frei an Bord
for	free on rail	frei Bahn
gr.	gross	brutto
HO	Head Office	Hauptniederlassung
ie	(*Latin:* id est) that is to say	das heißt (d. h.)
IMO	international money order	internationale Postanweisung
Inc	Incorporated *(US)*	amtlich (als Aktiengesellschaft) einge-tragen
lb	pound	Pfund (engl. Pfund = 454 g)
L / C	letter of credit	Akkreditiv
Ltd	limited	(Gesellschaft) mit beschränkter Haftung
N / A	not applicable	entfällt
NB	Note (nota bene)	Merkzeichen, übrigens
NCV	no commercial value	ohne Handels- / Marktwert
no.	number	Nummer, Nr.
oz	ounce *(weight)*	Unze *(Gewicht)*
pa	per year (per annum)	pro Jahr
p & p	postage and packing	Porto und Verpackung
PLC	public limited company	Aktiengesellschaft
pm	post meridiem	nachmittags, abends
PO	Post Office postal order	Postamt Postanweisung
p.p.	(*Latin:* per procurationem) on behalf of	in Vertretung
pto	please turn over	bitte wenden (b. w.)
re	with reference to, regarding	bezüglich
Ref:	reference	Betreff; betrifft (betr.) *(Briefkopf)*
rlwy	railway	(Eisen-)Bahn
RRP	recommended retail price	unverbindliche Preisempfehlung, empfohlener Richtpreis
RSVP	(*French:* Répondez s'il vous plaît) please reply	um Antwort wird gebeten
SAE	stamped addressed envelope	frankierter Rückumschlag
VAT	Value Added Tax	Mehrwertsteuer
wk	week	Woche
ZIP (code)	zone of improved delivery *(US)*	Postleitzahl

Wortliste Englisch-Deutsch

Folgende Übersetzungen beziehen sich auf die Schreiben, Dialoge und Textbausteine in diesem Buch. Die Vokabeln haben zum Teil auch andere Bedeutungen, die Sie in den gängigen Wörterbüchern oder unter www.pons.eu finden werden.

(AE) = American English, *(BE)* = British English

A

abroad - im Ausland
accessories - Zubehör(-teile)
accommodation - Unterkunft
accordance (in ~ with) - in Übereinstimmung mit; gemäß
account - Konto
accountancy - Rechnungswesen, Buchhaltung
accountant - Buchhalter(in); Wirtschaftsprüfer(in)
accounting error - Buchungsfehler
accounts department - Rechnungsabteilung
accrue (to) - anfallen, -sammeln, -wachsen
acknowledge (to) - anerkennen; zugeben; bestätigen
acknowledge (to ~ receipt) - den Empfang bestätigen
acknowledgement (of receipt) - (Empfangs-) Bestätigung
acquire (to) - erwerben
act - Gesetz, Rechtshandlung
added value - Mehrwert
address - Adresse, Anschrift
addressee - Empfänger
adjourn (to) - verschieben, vertagen
adjustment - Anpassung; Regulierung
administration - Verwaltung
admit (to) - zugeben
advance (in ~) - im Voraus
advance payment - Vorauszahlung
advertisement - Annonce, Anzeige
advertising - Werbung, Reklame
advice - Rat(-schlag); Benachrichtigung
advice of payment - Zahlungsmitteilung
advise (to) - (be-)raten; benachrichtigen
after-sales service - Kundendienst
agency - Agentur
agency agreement - Vertretervertrag
agent - Vertreter, Repräsentant
agreement - Übereinkunft; Abkommen
air freight - Luftfracht
air waybill - Luftfrachtbrief
amount - Betrag, Summe
amount due - fälliger Betrag
analysis - Analyse
announce (to) - ankündigen
annual - alljährlich
answer phone - Anrufbeantworter
answering machine - Anrufbeantworter
apologize (to) - sich entschuldigen
apology - Entschuldigung
appalling service - miserabler Service
applicant - Bewerber(in)
application (form) - Bewerbung(-svordruck, -sunterlagen)
apply (to ~ for) - sich bewerben um
appointed agent - Bevollmächtigte(r), Repräsentant(in)
appointment - Verabredung, Termin; Ernennung, Anstellung
appropriate - passend, geeignet; ange- messen
approval (on ~) - zur Ansicht
area - Gebiet, Gegend
arrange (to) - veranlassen, arrangieren
arranged (as ~) - wie vereinbart
arrangements (to make ~) - Vorbereitungen / Vorkehrungen treffen
as from - beginnend am, ab dem *(Datum)*
ascertain (to) - ermitteln, feststellen
assist (to) - helfen, assistieren
attachment - angehängte Datei
attend (to) - teilnehmen; anwesend sein
attention - Aufmerksamkeit
auditor - Wirtschaftsprüfer(in)
availability - Verfügbarkeit
available - verfügbar
average - Durchschnitt; durchschnittlich

B

balance *(financial)* - Saldo, Guthaben
bank account - (Bank-)Konto
banker's draft - Bankwechsel, Bankscheck
bed, breakfast and evening meal - Zimmer mit Halbpension
on behalf of - im Auftrag von
beneficial - vorteilhaft, nützlich
besides - außerdem, ferner
bid *(AE)* - Angebotsausschreibung
bill of exchange - Wechsel
bill of lading - Konnossement
billing address - Rechnungsadresse
blank cheque - Blankoscheck
block capitals - Blockschrift
book (to) - buchen, reservieren
booking - Reservierung
boom - Hochkonjunktur
branch - Filiale, Zweigstelle
brand - (Firmen-)Marke
breakages - Bruch, zerbrochene Ware
breakdown - Panne, technischer Defekt
brisk trade - florierender Handel
broaden (to) - ausweiten, erweitern
browser - Browser
bulk - (große) Menge, Masse
business (on ~) - geschäftlich
busy (the line is ~) - es ist besetzt *(Telefon)*
buyer - Käufer
by *(e.g. air freight)* - per *(z. B. Luftfracht)*

C

call (to) - anrufen
call (to ~ back) - zurückrufen
cancel (to) - absagen, streichen, rückgängig machen
candidate - Kandidat(in); Bewerber(in)
capital letters - Großbuchstaben
cardholder - Karteninhaber
cargo - Fracht
carriage free - frachtfrei
carriage paid - frei Haus
carrier - Spediteur
carry (to ~ out) - aus-, durchführen
cash advance - Barvorschuss
cash in advance - Vorauszahlung
cash on delivery - per Nachnahme / Zahlung gegen Nachnahme
casual dress - zwanglose / legere Kleidung
cater (to ~ to one's needs) - seine Bedürfnisse befriedigen
certified true - beglaubigte Abschrift / Kopie
cfr (cost and freight) - Kosten und Fracht
chain of hotels - Hotelkette
chairman, -woman, -person - Vorsitzende(r)
challenge - Herausforderung
charge (to) - berechnen
charges - Kosten
charges forward - Nachnahme, Zahlung nach Warenerhalt
check (to) - prüfen
cif (cost, insurance and freight) - Kosten, Versicherung, Fracht
cip (carriage and insurance paid to) - frachtfrei versichert
claim - Anspruch; Forderung
clear (to ~ an account) - e. Konto ausgleichen
clear (to ~ through customs) - zollamtlich abfertigen
clerical error - Bearbeitungsfehler
come (to ~ across sth) - (zufällig) auf etw stoßen
comment - Kommentar
commission (rate of ~) - Provision
company - Firma
compensation - Entschädigung
competition - Wettbewerb; Konkurrenz
competitive - wettbewerbs-, konkurrenzfähig
competitor - Konkurrent
complain (to) - sich beschweren
complaint - Beschwerde, Reklamation
comply (to ~ with sth) - e. Sache entsprechen; in Einklang mit etw stehen
components - Zubehör-, Einzelteile
concern (to whom it may ~) - an alle, die es betrifft
conditions - Bedingungen
condolences - Beileidswünsche
conduct - Benehmen

conference - Besprechung
confident - sicher, zuversichtlich
confidential - vertraulich
confirm (to) - bestätigen
congratulate (to) - gratulieren
congratulations - Glückwünsche
connection - Verbindung, Beziehung
consignee - Empfänger, Adressat
consignment - Versand, Lieferung
consignor - Absender, Versender
construction equipment - Baumaschinen
consumer - Verbraucher(in)
consumer boom - Hochkonjunktur
contact (to) - sich in Verbindung setzen mit
contact (to get in ~) - Kontakt aufnehmen
content - Inhalt
contract - Vertrag
convenience (at your earliest ~) - möglichst bald
convenient (to be ~) - bequem / passend / geeignet sein
coordinate - koordinieren
copy - Kopie
corporate - körperschaftlich
courier (by ~) - per Eilboten
covered (to be ~ by insurance) - durch eine Versicherung gedeckt sein
cpt (carriage paid to) - frachtfrei
crate - (Fracht-)Kiste
create (to) your own web site - eine Internetseite erstellen
credit (to give ~) - Kredit gewähren
credit (to) - gutschreiben
credit facilities - Kreditmodalitäten
credit note - Gutschriftsanzeige
credit terms - Kreditbedingungen
creditor - Gläubiger
currency - Währung
current - laufend; momentan
Curriculum Vitae - Lebenslauf
custom (thank you for your ~) - wir bedanken uns für die gute Zusammenarbeit
customer - Kunde, Kundin
customs - Zoll(polizei)
customs clearance - Zollabfertigung
customs duties - Zollgebühren

D

daf (delivered at frontier) - geliefert Grenze
damaged - beschädigt
damages - Schäden
data - Daten, Angaben
ddp (delivered duty paid) - geliefert verzollt
ddu (delivered duty unpaid) - geliefert unverzollt
deadline - Stichtag, letzter Termin
deal (to ~ with) - *(be)*handeln, sich befassen mit
dealer - Händler(in)
debit - Soll, Lastschrift
debit (to) - (Konto) belasten, debitieren
debt(s) - Schulden
deduct (to) - abziehen
default - in Verzug geraten
defect - Defekt, Schaden
defective - defekt, fehlerhaft
delay - Verzögerung
delay (to) - verzögern
deliver (to) - (aus)liefern
delivery - Auslieferung
delivery (to take ~ of) - in Empfang nehmen
delivery duty paid - geliefert verzollt
delivery slip - Lieferschein
demand - Forderung
demeanour - Verhalten, Erscheinungsbild
department - Abteilung
depleted stocks - erschöpfte Vorräte
deposit account - Sparkonto
deq (delivered ex quay) - geliefert ab Kai, verzollt
des (delivered ex ship) - geliefert ab Schiff
despatch (to) *(also dispatch)* - abfertigen, abschicken
detail (to) - einzeln aufführen
details - Einzelheiten
dial (to ~ in) - sich einwählen
direct debit - Direktabbuchung
discount - Preisnachlass, Rabatt
discrepancy - Abweichung, Unstimmigkeit
disembark (to) - ausladen, löschen
dispatch *(also despatch)* - Abfertigung, Versand
dispatch (to) *(also despatch)* - abfertigen, abschicken

display (on ~) - ausgestellt
display (to) - ausstellen
disruption - Störung
distressed (to be ~) - bekümmert/ unglücklich sein
distribution company - Vertriebsgesellschaft
disturb (to) - stören
DIY (Do It Yourself) products - Heimwerkerprodukte
documents against payment - Dokumente gegen Zahlung
download (to) - herunterladen
draft - Wechsel
draft (to) - entwerfen
draw (to ~ out money) - Geld abheben
draw (to ~ so's attention to sth) - jdn auf etw hinweisen
driving licence *(BE)* - Führerschein
driver's license *(AE)* - Führerschein
due date - Fälligkeitstermin
duly signed - ordnungsgemäß unterzeichnet
duplicate - Doppel, Duplikat
dutiable - abgaben-, zollpflichtig
duty free - zollfrei
duty paid - verzollt

E

edit (to) - bearbeiten, redigieren
electronic correspondence - elektronische Korrespondenz
email address - E-Mail-Adresse
emphasize (to) - betonen
enclose (to) - beifügen
enclosed - anbei, (in der) Anlage
engineer - Ingenieur(in)
enquire (to) *(also inquire)* - sich erkundigen, fragen
enquiry *(also inquiry)* - Anfrage
envelope - Umschlag
estate car - Kombi(-wagen)
estimate - Schätzung; Kostenvoranschlag
estimate (to) - schätzen
evaluation - Bewertung
evening dress - Abendkleidung
exceed (to) - übersteigen
exchange rate - Wechselkurs
exclusively - exklusiv; ausschließlich
execute (to ~ an order) - e. Auftrag ausführen
executive - Vorstand
exhibit (to) - ausstellen
exhibition - Ausstellung
expenses - Spesen, Ausgaben
expiry date - Ablaufdatum
extension of payment time - Zahlungsaufschub
extension wire - Verlängerungskabel
extra cost (to charge at ~~) - zuzüglich berechnen
ex works - ab Werk, ab Lager, ab Fabrik

F

factory - Fabrik, Werk
fail (to ~ to do sth) - versäumen etw zu tun
failure to pay - Zahlungsunfähigkeit
fair - Messe
favo(u)rites - Favoriten
fca (free carrier) - frei Frachtführer
feature - Merkmal, Eigenschaft
fee - Gebühr, Honorar
field (in the ~ of) - auf dem Gebiet/im Bereich von
file - Akte; Datei
file (to) - ablegen
financial standing/status - Finanzlage
financial year - Wirtschafts-, Haushaltsjahr
fine - Strafe
firm - Firma, Gesellschaft
firm offer - verbindliches Angebot
fluent (to be ~ in a language) - fließend e. Sprache sprechen
following - (nach-)folgend
force (in ~) - rechtskräftig, gültig
form - Formular
formal dress - Gesellschaftskleidung
format (to) - formatieren
forthcoming - baldig, bevorstehend
forward (to) - nachschicken, weiterleiten
forwarding address - Nachsendeadresse
forwarding agent - Spediteur
free carrier - frei Frachtführer
free of charge (frc) - kostenlos, umsonst

free on board (fob) - frei Schiff
freight or carriage paid to... - frachtfrei
freight, carriage and insurance paid to... - frachtfrei versichert
fulfil (to ~ a requirement) - eine Anforderung erfüllen
full board - Vollpension
fully booked - belegt
funds - Mittel, Gelder
further - weiter, ferner; zusätzlich

G

gain (to ~ experience) - Erfahrung(en) sammeln
gateway - Gateway
goods - Ware(n)
graduate (to) - einen (akademischen) Grad erlangen; die Abschlussprüfung ablegen
grant (to ~ a discount) - einen Rabatt gewähren
grateful (to be ~) - dankbar sein
guarantee (to) - garantieren
guarantor - Bürge, Bürgin

H

half board - Halbpension
handling charge - Bearbeitungsgebühr; Umladekosten; Kontoführungsgebühr
hang (to ~ up) - auflegen *(Telefon)*
harbour - Hafen
have (to ~ sth on) - etw vorhaben
head office - Zentrale, Hauptverwaltung
hereafter - nachfolgend, von jetzt an
hereby - hiermit
hermetically sealed - hermetisch versiegelt
high standard - hohes Niveau, hohe Qualität
hire (to) - mieten
hold (to ~ on) - am Apparat bleiben *(Telefon)*
hospitality - Gastfreundschaft

I

implement (to) - einführen
import (to ~ files) - Dateien importieren
importer - Importeur, Importfirma
improve (to) - verbessern
in-house - hausintern, innerbetrieblich
inadequate packing - unsachgemäße Verpackung
included - inbegriffen
including - inklusive
inclusive - einschließlich
inconvenience - Unannehmlichkeit
increase - Wachstum, Steigerung
increase (to) - zunehmen, ansteigen
incur (to ~ expenses) - Unkosten haben
inform (to) - informieren
initial order - Erstbestellung
input - eingeben
inquire (to) *(also enquire)* - sich erkundigen, fragen
inquiry *(also enquiry)* - Anfrage
installation - Installation; Anschluss; Einbau
instalment (monthly ~) - Monatsrate
instructions for use - Gebrauchsanweisung
insurance - Versicherung
insurance (to take out an ~ policy) - e. Versicherung abschließen
insurer - Versicherer
intend (to ~ to do sth) - planen / vorhaben etw zu tun
intermediary - Mittelsperson
Internet access - Internet-Zugang
Internet user - Internetbenutzer(in)
interview - (Einstellungs-)Gespräch
introductory price - Einführungspreis
investigation (upon ~) - bei näherer Untersuchung
invoice - Rechnung
invoice (to) - in Rechnung stellen, berechnen
issue - Problem, Angelegenheit

K

keep (to ~ an appointment) - eine Verabredung einhalten
kind - nett, freundlich
kindness - Freundlichkeit

L

launching - Einführung (e. Produkts)
leaflet - Broschüre
leave (to) a message - eine Nachricht hinterlassen
legal department - Rechtsabteilung
letter of credit (L / C) - Akkreditiv
liability - Haftung
liable - haftbar
link - Verbindung, Beziehung
loading - Be-, Verladen
lobby - Foyer
look (to ~ forward to) - sich freuen auf
loss - Verlust
lot - Partie, Posten

M

mail - Nachricht, Mail; *(AE)* Post
mailbox - elektronisches Postfach
maintain (to) - (bei-)behalten
maintenance engineer - Wartungs-ingenieur(in)
management - Geschäftsführung, -leitung
manager - Geschäftsführer
manufacturer - Hersteller(in)
manufacturing plant - Fabrik, Produktionsstätte
manufacturing process - Herstellung(-svorgang)
market - Markt
maturity date - Fälligkeit(-stermin)
measure (to) - messen
meet (to) - treffen
meet (to ~ a deadline) - einen Termin einhalten
meeting - Treffen, Versammlung
mention (to) - erwähnen
mentioned (as ~) - wie ... erwähnt
merchandise - Handelsware
merger - Fusion
message - Nachricht
message pad - Notizblock
mistake - Fehler
misunderstanding - Missverständnis
model - Modell
money order - Geldanweisung

N

negotiate (to) - verhandeln über
net price - Nettopreis
network - Netz(-werk)
note - Notiz, Vermerk
note (to) - bemerken; zur Kenntnis nehmen
notice - Notiz
notify (to) - benachrichtigen

O

obliged - gezwungen; dankbar, verbunden
occasion - Gelegenheit
occur (to) - sich ereignen, passieren
office - Büro
opportunity - (günstige) Gelegenheit
opportunity (to take the ~ to) - die Gelegenheit ergreifen(,) zu
optional - auf Wunsch erhältlich; freiwillig; fakultativ
optional extras - Extras
order - Bestellung, Auftrag
order (to) - bestellen
order cheque - Orderscheck
order form - Bestellformular
outskirts - (äußere) Vororte, Stadtrand
outstanding - ausstehend, unerledigt; hervorragend
overbook (to) - überbelegen, überbuchen
overdraft - (Konto-)Überziehung
overdrawn - überzogen (Konto)
overdue - überfällig
overseas - in / nach Übersee; *(in GB auch:)* in / nach Europa
owing to - wegen, aufgrund

P

package tour - Pauschalreise
packing - Verpackung
particulars - Einzelheiten
partnership - Partnerschaft
patronage - Schirmherrschaft, Unterstützung; Vertrauen, Treue
payable by you - geht zu Ihren Lasten
per (as ~) - gemäß, laut
performance - Leistung
place (to ~ an order) - eine Bestellung aufgeben
plan (to ~ to do sth) - planen / vorhaben, etw zu tun
pleasure (it's a ~) - nichts zu danken
plenty of - viel, eine Menge
popular - beliebt
position - Stelle, Posten
possible (as soon as ~) - so bald wie möglich
post - Post
post (to) - mit der Post schicken, abschicken
postcode - Postleitzahl
postpone (to) - verschieben
potential - potenziell
preferential rate - Sonderpreis
premises - Geschäftsräume, Anwesen
previous - vorhergehend
price list - Preisliste
prior - vorausgehend, früher
prior notice - vorherige Benachrichtigung
prior sale - Zwischenverkauf
private - persönlich *(auf Briefen)*
pro forma invoice - Pro-forma-Rechnung
proceedings (to take ~) - gerichtlich vorgehen, einen Prozess anstrengen
process (to) - behandeln, verarbeiten
product line - Produktlinie, Kollektion
proficient - fähig
profit margin - Profitspanne
promising - vielversprechend
promotion - Beförderung; Werbeveranstaltung
proposal - Vorschlag
propose (to) - vorschlagen
provider - Anbieter
purchase - Kauf
put (to ~ off) *(informal)* - verschieben; hinausschieben
put (to ~ through) - verbinden *(am Telefon)*

Q

quarter - Vierteljahr
quarterly - vierteljährlich
query - Frage, Problem
query (to) - um e. Überprüfung / Erklärung bitten
queue - Warteschleife
quotation - Kostenvoranschlag, Preisangebot
quote (to ~ a price) - e. Preis angeben

R

rail (by ~) - per Bahn
range - Reihe, Sortiment
rate - Preis, Tarif
raw material - Rohmaterial
ready for despatch - fertig zur Auslieferung
receive (to ~ a mail) - eine Nachricht / Mail empfangen
receipt - Empfang, Erhalt; Quittung
receiver *(Telefon)* - Hörer
recently - kürzlich, vor kurzem
reception - Empfang
recipient - Empfänger
recommend (to) - empfehlen
recovery - Erholung, Genesung
recruit (to) - ein-, anstellen, anwerben
referee - Referenz
reference (with ~ to) - mit Bezug auf, bezüglich
refund (to) - (zurück-)erstatten
regarding - bezüglich
regards (as ~) - was ... betrifft
registered letter - eingeschriebener Brief
registered (by ~ post) - per Einschreiben
regulation - Regelung, Regulierung
reimbursement - Rückerstattung
reliable - verlässlich
remind (to ~ sb) - jdn erinnern
reminder - Erinnerung
remittance - Überweisung
renew (to) - erneuern, verlängern
rent (to) - mieten

repeat order - Nachbestellung
replace (to) - ersetzen
replacement - Ersatz
reply - Antwort
reply (in ~ to your) - in Beantwortung (Ihres / Ihrer)
report - Bericht, Gutachten
representative - Repräsentant(in), Vertreter(in)
request (on ~) - auf Anfrage
request (to) - bitten, nachsuchen
requirement - Anforderung, Bedingung
research (to) - recherchieren, erforschen
reserve (to) - reservieren (lassen)
respite - Zahlungsaufschub
retail (to) - im Einzelhandel verkaufen
retail price - Ladenpreis
retailer - Einzelhändler(in)
retire (to) - in Pension gehen; ausscheiden aus
retrieve (to) - wiederfinden, zurückholen
return (to) - zurückgeben, -schicken
return (to) a call - zurückrufen
return address - Absender(-adresse)
return (by ~ of post) - postwendend
return flight - Rückflug; Hin- und Rückflug
return to sender - zurück an den Absender
reward - Belohnung
route (to) - leiten

S

sales manager - Verkaufsleiter(in)
sales - Verkäufe
sales department - Vertrieb, Verkaufsabteilung
sales policy - Verkaufsstrategie
sales representative - (Handels-) Vertreter(in)
salesman, -woman - Verkäufer(in)
sample - Muster
satisfy (to ~ a requirement) - einer Anforderung entsprechen
savings account - Sparkonto
schedule - Zeitplan
schedule (to) - einen Termin ansetzen
seat - (Sitz-)Platz
send (to) - schicken
send (to ~ a mail) - eine Nachricht / Mail senden
sender - Absender
separate (under ~ cover) - mit getrennter Post
service (to be of ~ to sb) - jdm nützen
settle (to) - regeln
settlement - Bezahlung; Ausgleich
shareware - Shareware
ship (to) - verschiffen
shipment - Warensendung; Verschiffung
shipping address - Lieferadresse
short-listed (to be ~) - in die engere Wahl kommen
show (to) - vorstellen, präsentieren
sight bill - Sichtwechsel
sight draft - Sichtwechsel
sign (to) - unterzeichnen, -schreiben
single flight - Einfachflug
single room - Einzelzimmer
single ticket - Einzelfahrschein, -karte
slight - leicht; unwesentlich
snail mail - üblicher Postweg
sold out - ausverkauft
sole agent - Alleinvertreter(in)
spare parts - Ersatzteile
speaking (John Smith ~) - hier ist John Smith *(am Telefon)*
specification sheet - Spezifikation; technische Beschreibung
specify (to) - genau angeben
stand - (Messe-)Stand; Untergestell *(für Telefon)*
standard - Norm; Maßstab; Niveau; Standard
standard *(adj)* - üblich, Standard-, Normal-
standard charges - Standardpreise
starting salary - Anfangsgehalt
statement of account - Kontoauszug; Abrechnung
steps (to take ~) - Maßnahmen ergreifen
stipulate (to) - verlangen; festsetzen; fordern
stock (in ~) - vorrätig
stock (to have sth in ~) - etw vorrätig haben
stock (to) - am Lager führen
storage - (Ein-)Lagerung
storage (in ~) - auf Lager
store (to) - lagern; *(EDV)* ablegen
strike - Streik
strive (to ~ to do sth) - bemüht sein etw zu tun
subject to - abhängig von, vorbehaltlich

submit (to) - vorlegen; einreichen
subsequent order - Folgebestellung
subsidiary - Nebenstelle, Filiale
subscribe (to) - abonnieren
substantially reduced - großzügig reduziert
substitute - Ersatz
suggest (to) - vorschlagen
suit (to) - passen
suitable - passend; geeignet
sum - Summe
supplier - Lieferant(in)
supply (to) - (be-)liefern
support - Unterstützung
surf (to ~ the Internet) - im Internet surfen
survey of damage - Schadensaufnahme

T

tally (to) - übereinstimmen *(Zahlen, Berichte)*
technical adviser - technische(r) Berater(in)
technical specifications - technische Angaben
tender *(BE)* - Angebotsausschreibung
terms - Bedingungen
terms of payment - Zahlungsbedingungen
throughout - die ganze Zeit über; überall in
together with - zusammen mit, sowie
touch (to get in ~ with so) - sich bei jdm melden
trade fair - Handelsmesse
trading company - Handelsgesellschaft
training - Ausbildung
transcribe (to) - umschreiben, transkribieren
transfer (bank ~) - Banküberweisung
transmit (to) - senden
trial - Versuch
trip - Reise
turnover - Umsatz
typing error - Tippfehler

U

underline (to) - unterstreichen
undermentioned - unten erwähnt
underwriter - Versicherer
unfortunate - bedauerlich
unfortunately - leider
unit price - Preis pro Einheit, Stückpreis
unload (to) - ausladen
unloading - Entladen, Löschen
unsaleable - unverkäuflich
unsatisfactory - unbefriedigend
unsubscribe (to) - e. Abonnement kündigen
updated - auf den neuesten Stand gebracht
urgent - dringend
utmost urgency - äußerste Dringlichkeit

V

vacancies (no ~) - belegt
vacancy - freie Stelle; (freies) Zimmer
vacant - unbesetzt; leer; frei
valid - gültig
value - Wert
video conference - Videokonferenz
visit (to) - besuchen

W

warehouse - Lager(-haus)
warrant - Bescheinigung; Vollmacht
web site - Webseite
waybill - Frachtbrief
weigh (to) - wiegen
well (as ~ as) - sowohl ... als auch
whether - ob
wholesale - Großhandel
wholesaler - Großhändler(in)
wide - umfassend; weit
wishes (best ~) - herzliche Glückwünsche
within a week - innerhalb einer Woche
wonder (to) - sich fragen

Z

zipped file - komprimierte (gezippte) Datei

Wortliste Deutsch-Englisch

(AE) = American English, *(BE)* = British English

A

ab dem *(Datum)* - as from
Abendkleidung - evening dress
abfertigen - to dispatch / despatch
abfertigen (zollamtlich ~) - to clear through customs
Abfertigung - dispatch / despatch
abgabenpflichtig - dutiable
abhängig von - dependent on; subject to
abheben (Geld ~) - to draw out money
Abkommen - agreement
Ablaufdatum - expiry date
ablegen - to store, file
abonnieren - to subscribe
Abrechnung - statement; invoice
absagen - to cancel
abschicken - to dispatch / despatch; to post
Abschlussprüfung (die ~ ablegen) - to graduate
Absender - consignor, sender
Absenderadresse - return address
Abteilung - department
Abweichung - discrepancy
abziehen - to deduct
Adressat - consignee
Adresse - address
Agentur - agency
Akkreditiv - letter of credit
Akte - file
Alleinvertreter(in) - sole agent
alljährlich - annual
Analyse - analysis
anbei - enclosed
Anbieter - provider
anfallen *(z. B. Zinsen)* - to accrue *(e.g. interest)*
Anfangsgehalt - starting salary
Anforderung - requirement
Anforderung (e. ~ erfüllen) - to fulfil a requirement
Anfrage - inquiry / enquiry *(BE)*
Anfrage (auf ~) - upon / on request
Angaben (technische ~) - technical specifications
Angebotsausschreibung - tender *(BE)*, bid *(AE)*
angehängte Datei - attachment
ankündigen - to announce
Anlage (in der ~) - enclosed
Annonce - advertisement
Anpassung - adjustment
Anrufbeantworter - answer phone; answering machine
anrufen - to call
Anschluss - installation
Anschrift - address
ansetzen *(Termin)* - to schedule
Ansicht (zur ~) - on approval
Anspruch - claim
ansteigen - to increase
anstellen - to recruit
Antwort - reply
anwachsen - to accrue
anwerben - to recruit
Anwesen - premises
anwesend sein - to attend, be present
Anzeige - advertisement
Apparat (am ~ bleiben) *(Telefon)* - to hold on
arrangieren - to arrange
assistieren - to assist
aufführen (einzeln ~) - to detail
aufgeben (e. Bestellung ~) - to place (an order)
aufgrund - owing to
auflegen *(Telefon)* - to hang up
Aufmerksamkeit - attention
Auftrag - order
im Auftrag von - on behalf of
Ausbildung - training
ausführen - to carry out
ausführen (e. Auftrag ~) - to execute an order
Ausgaben - expenses
ausgestellt - on display
ausgleichen (e. Konto ~) - to clear an account
ausladen - to unload, disembark
Ausland (im ~) - abroad
ausliefern - to deliver

Auslieferung - delivery
ausscheiden aus - to retire
ausschließlich - exclusively
außerdem - besides
ausstehend - outstanding
ausstellen - to display, exhibit
Ausstellung - exhibition
ausverkauft - sold out
ausweiten - to broaden

B

Bahn (per ~) - by rail
baldig - forthcoming
Bankkonto - bank account
Banküberweisung - bank transfer
Bankwechsel - banker's draft
Barvorschuss - cash advance
Baumaschinen - construction equipment
Beantwortung (in ~ Ihres / Ihrer ...) - in reply to your...
bearbeiten - to edit
Bearbeitungsfehler - clerical error
Bearbeitungsgebühr - handling charge
bedauerlich - unfortunate
Bedingung - requirement; condition, term
Bedürfnisse (seine ~ befriedigen) - to cater to one's needs
befassen (sich ~ mit) - to deal with
Beförderung - promotion *(job)*
beginnend am *(Datum)* - as from
beglaubigte Abschrift / Kopie - certified true
behandeln - to deal with, process
beibehalten - to maintain
beifügen - to enclose
Beileidswünsche - condolences
bekümmert sein - to be distressed
Beladen - loading
belasten (e. Konto ~) - to debit an account
belegt - fully booked, no vacancies
beliebt - popular
beliefern - to supply
Belohnung - reward
bemerken - to note, notice
bemüht sein etw zu tun - to strive to do sth
benachrichtigen - to inform, notify, advise
Benachrichtigung - notification, advice
Benehmen - conduct
beraten - to advise
berechnen - to charge; to invoice
Bereich (im ~ von) - in the field of
Bericht - report
beschädigt - damaged
Bescheinigung - warrant
Beschwerde - complaint
beschweren (sich ~) - to complain
besetzt sein *(Telefon)* - the line is busy
Besprechung - conference
bestätigen - to confirm; to acknowledge *(receipt)*
Bestätigung (Empfangs~) - acknowledgement of receipt
bestellen - to order
Bestellformular - order form
Bestellung - order
Bestellung (e. ~ aufgeben) - to place an order
besuchen - to visit
betonen - to emphasize
Betrag - amount, sum
betrifft (an alle, die es ~) - to whom it may concern
betrifft (was ... ~) - as regards
Bevollmächtigte(r) - appointed agent
bevorstehend - forthcoming
bewerben (sich ~ um) - to apply for
Bewerber(in) - applicant, candidate
Bewerbungsvordruck - application form
Bewertung - evaluation
Beziehung - connection, relation
Bezug (mit ~ auf) - with reference to
bezüglich - with reference to, regarding
bitten - to ask, request
Blankoscheck - blank cheque
Blockschrift - block capitals
Broschüre - booklet, leaflet
Browser - browser
Bruch - breakages
buchen - to book
Buchhalter(in) - accountant
Buchhaltung - accountancy
Buchungsfehler - accounting error
Bürge, Bürgin - guarantor
Büro - office

D

dankbar sein - to be grateful
danken (nichts zu ~) - it's a pleasure
Datei (gezippte ~) - (zipped) file
Daten - data
debitieren - to debit
Defekt - defect
defekt - defective
Direktabbuchung - direct debit
Direktion - directorate; head office
Dokumente gegen Zahlung - documents against payment
Doppel - duplicate, copy
dringend - urgent
Dringlichkeit (äußerste ~) - utmost urgency
Duplikat - duplicate
durchführen - to carry out
Durchschnitt - average
durchschnittlich - average

E

Eilboten (per ~) - by courier
Einfachflug - single flight
einführen - to implement
Einführung *(e. Produkts)* - launching
Einführungspreis - introductory price
eingearbeitet *(z. B. LED-Lampen)* - embedded *(e.g. with LEDs)*
eingeben - to input
eingeschriebener Brief - registered letter
einhalten (e. Termin ~) - to meet a deadline
Einklang (in ~ mit etw stehen) - to comply with
Einlagerung - storage
einreichen - to submit
einschließlich - inclusive
Einschreiben (per ~) - by registered post
einstellen - to recruit
Einstellungsgespräch - interview
einwählen (sich ~) - to dial in
Einzelfahrkarte - single ticket
Einzelfahrschein - single ticket
Einzelhandel (im ~ verkaufen) - to retail
Einzelhändler(in) - retailer
Einzelheiten - details, particulars
Einzelteile - component parts
Einzelzimmer - single room
elektronische Korrespondenz - electronic correspondence
elektronisches Postfach - mailbox
E-Mail-Adresse - email address
Empfang - reception; receipt
Empfang (den ~ bestätigen) - to acknowledge receipt
Empfang (in ~ nehmen) - to take delivery of
Empfänger - addressee, consignee, recipient
empfehlen - to recommend
Entladen - unloading
Entschädigung - compensation
entschuldigen (sich ~) - to apologize
Entschuldigung - apology
entsprechen (e. Anforderung ~) - to satisfy a requirement
entsprechen (e. Sache ~) - to comply with
entstehen - to arise; to result
entwerfen - to draft
ereignen (sich ~) - to occur
Erfahrung(en) sammeln - to gain experience
Erhalt - receipt
Erholung - recovery
erinnern (jdn ~) - to remind sb
Erinnerung - reminder
Erklärung (um e. ~bitten) - to query
erkundigen (sich ~) - to inquire / enquire
ermitteln - to ascertain
Ernennung - appointment
erneuern - to renew
Ersatz - substitute, replacement
Ersatzteile - spare parts
erschöpfte Vorräte - depleted stocks
ersetzen - to replace
Erstbestellung - initial order
erwähnen - to mention
erweitern - to broaden
exklusiv - exclusive
Export - export
Extras - optional extras

F

Fabrik - factory, manufacturing plant
Fabrik (ab ~) - ex works
fähig - proficient
fälliger Betrag - amount due
Fälligkeitstermin - due / maturity date
Favoriten - favo(u)rites
Fehler - mistake
fehlerhaft - defective
ferner - besides
fertig zur Auslieferung - ready for dispatch / despatch
festsetzen - to stipulate
feststellen - to ascertain
Filiale - branch, subsidiary
Finanzlage - financial standing / status
Firma - company, firm
Firmenmarke - brand
fließend e. Sprache sprechen - to be fluent in a language
florierender Handel - brisk trade
Folgebestellung - subsequent order
fordern - to stipulate
Forderung - demand; claim
formatieren - to format
Formular - form
Foyer - lobby
Fracht - freight, cargo
Frachtbrief - waybill
frachtfrei - cpt (carriage paid to)
frachtfrei versichert - cip (carriage and insurance paid to)
Frage - question; query
fragen - to ask, inquire / enquire
fragen (sich ~) - to wonder
frei - free, vacant
frei Frachtführer - fca (free carrier)
frei Haus - carriage paid
frei Schiff - fob (free on board)
freuen (sich ~ auf) - to look forward to
freundlich - kind
Freundlichkeit - kindness
früher - prior
Führerschein - driving licence *(BE)*, driver's license *(AE)*
Fusion - merger

G

garantieren - to guarantee
Gateway - gateway
Gastfreundschaft - hospitality
Gebiet - area
Gebiet (auf dem ~ von) - in the field of
Gebrauchsanweisung - instructions for use
Gebühr - fee
geeignet - appropriate; suitable; convenient
Gegend - area
Geldanweisung - money order
Gelder - funds
Gelegenheit - opportunity, occasion
Gelegenheit (die ~ ergreifen, zu) - to take the opportunity to
geliefert ab Kai / verzollt - deq (delivered ex quay)
geliefert ab Schiff - des (delivered ex ship)
geliefert ab Grenze - daf (delivered at frontier)
geliefert unverzollt - ddu (delivered duty unpaid
geliefert verzollt - ddp (delivered duty paid)
gemäß - in accordance with, as per
genau angeben - to specify
Genesung - recovery
gerichtlich vorgehen - to take (legal) proceedings
geschäftlich - on business
Geschäftsführer - manager
Geschäftsführung - management
Geschäftsräume - premises
Gesellschaft - firm, company
Gesellschaftskleidung - formal dress
Gesetz - law; act
Gespräch - conversation; interview
getrennt (mit ~er Post) - under separate cover
gezwungen - obliged
Gläubiger - creditor
Glückwünsche (herzliche ~) - many congratulations, best wishes
Grad (e. akademischen ~ erlangen) - to graduate
gratulieren - to congratulate
Großbuchstaben - capital letters
Großhandel - wholesale

Großhändler(in) - wholesaler
großzügig reduziert - substantially reduced
gültig - in force, valid
Gutachten - report
Guthaben - balance
gutschreiben - to credit
Gutschriftsanzeige - credit note

H

Hafen - harbour
haftbar - liable
Haftung - liability
Halbpension - half board
Halbpension (Zimmer mit ~) - bed, breakfast and evening meal
Handelsgesellschaft - trading company
Handelsmesse - trade fair
Handelsvertreter(in) - sales representative
Handelsware - merchandise
Händler(in) - trader, dealer
Hauptverwaltung - head office
Haus (frei ~) - carriage paid
Haushaltsjahr - financial year
hausintern - in-house
Heimwerkerprodukte - DIY (Do It Yourself) products
Herausforderung - challenge
hermetisch versiegelt - hermetically sealed
Hersteller(in) - manufacturer
Herstellung, -svorgang - manufacturing process
herunterladen - to download
hiermit - hereby
hinausschieben - to put off *(informal)*
Hinflug - outward *(BE)* / outgoing *(AE)* flight
Hin- und Rückflug - return flight
hinterlassen (eine Nachricht ~) - to leave a message
hinweisen (jdn auf etw ~) - to draw sb's attention to sth
Hochkonjunktur - (consumer) boom
Honorar - fees
Hörer - receiver *(Telefon)*
Hotelkette - chain of hotels

I

Importeur - importer
Importfirma - importer
importieren (Dateien ~) - to import (files)
inbegriffen - included
informieren - to inform
Ingenieur(in) - engineer
Inhalt - content
inklusive - including
innerbetrieblich - in-house
innerhalb einer Woche - within a week
Installation - installation
Internet (im ~ surfen) - to surf the Internet
Internetbenutzer(in) - Internet user
Internetseite (eine ~ erstellen) - to create your own web site

J

jetzt (von ~ an) - hereafter

K

Kandidat(in) - candidate
Karteninhaber - cardholder
Kauf - purchase
Käufer - buyer
Kenntnis (zur ~ nehmen) - to note
Kiste - crate
Kollektion - product line
Kombi(-wagen) - estate car
Kommentar - comment
Kommissionssatz - rate of commission
komprimierte Datei - zipped file
Konkurrent - competitor
Konkurrenz - competition
konkurrenzfähig - competitive
Konnossement - bill of lading
Kontakt aufnehmen - to get in contact
Konto - account
Kontoauszug - statement of account
Kontoführungsgebühr - handling charge
Kontoüberziehung - overdraft
koordinieren - to coordinate
Kopie - copy
körperschaftlich - corporate

Kosten - costs; expenses; charges
Kosten und Fracht - cfr (cost and freight)
Kosten, Versicherung, Fracht - cif (cost, insurance, freight)
kostenlos - free of charge
Kostenvoranschlag - quotation; estimate
Kredit gewähren - to give credit
Kreditbedingungen - credit terms
Kreditmodalitäten - credit facilities
Kunde, Kundin - customer
Kundendienst - after-sales service
kündigen (e. Abonnement ~) - to unsubscribe
kurzem (vor ~) - recently
kürzlich - recently

L

Ladenpreis - retail price
Lager - store; warehouse; stock
Lager (am ~ führen) - to stock
Lager (auf ~) - in storage
Lagerhaus - warehouse
lagern - to store
Lagerung - storage
Lasten (geht zu Ihren ~) - payable by you
Lastschrift - debit
laufend - current
laut - according to
Lebenslauf - Curriculum Vitae
leer - empty, vacant
legere Kleidung - casual dress
leicht - slight; easy
leider - unfortunately
Leistung - performance
leiten - to route
letzter Termin - deadline
Lieferadresse - shipping address
Lieferant(in) - supplier
liefern - to supply; to deliver
Lieferschein - delivery slip
löschen - to unload, disembark
Luftfracht - air freight
Luftfrachtbrief - air waybill

M

Mail - mail
Markt - market
Maßnahmen ergreifen - to take steps
Maßstab - standard
Mehrwert - added value
melden (sich bei jdm ~) - to get in touch with sb
Menge (eine ~) - plenty of
Menge (große ~) - bulk
Merkmal - feature
Messe - fair
messen - to measure
mieten - to hire; to rent
miserabler Service - appalling service
Missverständnis - misunderstanding
Mittel - funds
Mittelsperson - intermediary
Modell - model
möglich (so bald wie ~) - as soon as possible
möglichst bald - at your earliest convenience
Monatsrate - monthly instalment
Muster - sample

N

Nachbestellung - repeat order
nachfolgend - following; hereafter
Nachnahme (per ~ / Zahlung gegen ~) - cash on delivery
Nachricht - message; mail
nachschicken - to forward
Nachsendeadresse - forwarding address
nachsuchen - to request
Nebenstelle - subsidiary
nett - kind, nice
Nettopreis - net price
Netz(-werk) - network
Niveau - level; standard
Norm - norm; standard
Normal- - standard
Notiz - note
Notizblock - message pad
nützen (jdm ~) - to be of service to sb
nützlich - beneficial

O

ob - if; whether
Orderscheck - order cheque
ordnungsgemäß unterzeichnet - duly signed

P

Panne - breakdown
Partie - part; lot, batch
Partnerschaft - partnership
passen - to suit
passend - appropriate; suitable; convenient
passieren - to happen, occur
Pauschalreise - package tour
Pension (in ~ gehen) - to retire
per *(z. B. Luftfracht)* - by *(e.g. air freight)*
persönlich *(auf Briefen)* - private
planen etw zu tun - to plan to do sth
Platz - seat
Post - post *(BE)*, mail *(AE)*
Posten - position; quantity, lot
Postleitzahl - postcode
Postweg (üblicher ~) - snail mail
postwendend - by return of post
potenziell - potential
präsentieren - to show
Präsident(in) - President; chairman, -woman
Preis - price; rate
Preis (e. ~ angeben) - to quote a price
Preis pro Einheit - unit price
Preisangebot - quotation
Preisliste - price list
Preisnachlass - discount
Problem - problem; query; issue
Produktionsstätte - manufacturing plant
Produktlinie - product line
Profitspanne - profit margin
Pro-forma-Rechnung - pro forma invoice
Prozess (e. ~ anstrengen) - to take (legal) proceedings
prüfen - to check

Q

Qualität (hohe ~) - high standard
Quittung - receipt

R

Rabatt - discount
Rabatt (e. ~ gewähren) - to grant a discount
Rat(-schlag) - advice
recherchieren - to research
Rechnung - invoice
Rechnung (in ~ stellen) - to invoice
Rechnungsabteilung - accounts department
Rechnungsadresse - *billing address*
Rechnungswesen - accountancy
Rechtsabteilung - legal department
Rechtshandlung - act
rechtskräftig - in force
redigieren - to edit
Referenz - referee
regeln - to settle
Regelung - regulation
Regulierung - regulation, adjustment
Reihe - range
Reise - trip **Reklamation** - complaint
Reklame - advertising
Repräsentant(in) - representative; (appointed) agent
reservieren - to book, reserve
Reservierung - booking
Rohmaterial - raw material
Rückerstattung - reimbursement

S

Saldo - balance
Schaden - damage; defect
Schäden - damages
Schadensaufnahme - survey of damage
schätzen - to estimate
Schätzung - estimate; quotation
schicken - to send
Schiff (frei ~) - free on board
Schulden - debt(s)
senden - to transmit

Shareware - shareware
sicher sein - to be confident
Sichtwechsel - sight bill / draft
Soll - debit
Sonderpreis - special reduced price; preferential rate
Sortiment - range
sowie - together with
sowohl ... als auch - as well as
Sparkonto - deposit / savings account
Spediteur - carrier; forwarding agent
Spesen - expenses
Spezifikation - specification sheet
Stadtrand - outskirts
Stand - stand
Stand (auf den neuesten ~ gebracht) - updated
Standard - standard
Standardpreise - standard charges
Steigerung - increase
Stelle - job, position
Stelle (freie ~) - vacancy
Stichtag - deadline
stören - to disturb
Störung - disruption
stoßen (zufällig auf etw ~) - to come across sth
Strafe - fine
streichen - to cancel
Streik - strike
Stückpreis - unit price
Summe - amount, sum
surfen (im Internet ~) - to surf the Internet

T

Tarif - rate
technische(r) Berater(in) - technical adviser
technische Beschreibung - specification sheet
technischer Defekt - technical fault, breakdown
teilnehmen - to take part; to attend
Termin - appointment; deadline; date
Tippfehler - typing error
Treffen - meeting
treffen - to meet

U

überall in - throughout
überbelegen - to overbook
überbuchen - to overbook
Übereinkunft - agreement
übereinstimmen *(Zahlen, Berichte)* - to tally
Übereinstimmung (in ~ mit) - in accordance with
überfällig - overdue
Überprüfung (um e. ~ bitten) - to query
Übersee (in / nach ~) - overseas
übersteigen - to exceed
Überweisung - (credit) transfer; remittance
überzogen *(Konto)* - overdrawn
üblich - usual; standard
üblicher Postweg - snail mail
umfassend - wide
Umladekosten - handling charge
Umsatz - turnover
Umschlag - envelope
umschreiben - to transcribe
umsonst - free of charge
Unannehmlichkeit - inconvenience
unbefriedigend - unsatisfactory
unbesetzt - unoccupied, vacant
unerledigt - outstanding
unglücklich sein - to be unhappy, distressed
Unkosten haben - to incur expenses
unsachgemäße Verpackung - inadequate packing
Unstimmigkeit - discrepancy
unten erwähnt - undermentioned
Unterkunft - accommodation
unterschreiben - to sign
unterstreichen - to underline
Unterstützung - support
Untersuchung (bei näherer ~) - upon investigation
unterzeichnen - to sign
unverkäuflich - unsaleable; not negotiable
unwesentlich - slight, irrelevant, unimportant

V

Verabredung - appointment
Verabredung (e. ~ einhalten) - to keep an appointment
veranlassen - to arrange
Veranstaltung - event
verarbeiten - to process
verbessern - to improve
verbinden *(am Telefon)* - to put through
verbindliches Angebot - firm offer
Verbindung - connection, link
Verbindung (sich in ~ setzen mit) - to contact
Verbraucher(in) - consumer
verbunden - obliged
vereinbart (wie ~) - as arranged
verfügbar - available
Verfügbarkeit - availability
Verhalten - demeanour
verhandeln über - to negotiate
Verkäufe - sales
Verkäufer(in) - seller; salesperson
Verkaufsabteilung - sales department
Verkaufsleiter(in) - sales manager
Verkaufsstrategie - sales policy
Verladen - loading
verlangen - to demand; to require; to stipulate
verlängern - to extend; to renew
Verlängerungskabel - extension wire / lead
verlässlich - reliable
Verlust - loss
Vermerk - note
Verpackung - packing
Versammlung - meeting
Versand - dispatch / despatch; distribution; consignment
versäumen(,) etw zu tun - to fail to do sth
verschieben - to adjourn, postpone, put off *(informal)*
verschiffen - to ship
Verschiffung - shipment
Versenden - consignment
Versender - consignor
Versicherer - insurer, underwriter
Versicherung - insurance
Versicherung (durch e. ~ gedeckt sein) - to be covered by insurance
Versicherung (e. ~ abschließen) - to take out an insurance policy
Versuch - trial
vertagen - to adjourn
Vertrag - contract
Vertreter - agent
Vertreter(in) - representative
Vertretervertrag - agency agreement
Vertrieb - sales; sales department
Vertriebsgesellschaft - distribution company
Verwaltung - administration
verzögern - to delay
Verzögerung - delay
verzollt (geliefert ~) - delivery duty paid
Videokonferenz - video conference
vielversprechend - promising, encouraging
Vierteljahr - quarter
vierteljährlich - quarterly
Vollmacht - warrant
Vollpension - full board
Voraus (im ~) - in advance
vorausgehend - prior
Vorauszahlung - advance payment; cash in advance
vorbehaltlich - subject to
Vorbereitungen treffen - to make arrangements
vorhaben (etw ~) - to have sth on
vorhaben etw zu tun - to intend to do sth
vorhergehend - previous
vorherige Benachrichtigung - prior notice
vorlegen - to submit
vorrätig (etw ~ haben) - to have sth in stock
Vorschlag - suggestion, proposal
vorschlagen - to suggest, propose
Vorsitzende(r) - chairman, -woman, -person
Vorstand - executive
vorstellen (jdm etw ~) - to point out sth to sb; to show sb sth
vorteilhaft - beneficial

W

Wachstum - growth; increase
Wahl (in die engere ~ kommen) - to be short-listed
Währung - currency
Ware(n) - goods
Warensendung - shipment
Warteschleife - queue
Wartungsingenieur(in) - maintenance engineer
Webseite - web page
Wechsel - bill (of exchange); draft
Wechselkurs - exchange rate
wegen - owing / due to
weit - wide
weiter - further
weiterleiten - to pass on; to forward
Werbekampagne - advertising campaign
Werbeveranstaltung - promotion
Werbung - advertising
Werk - factory
Werk (ab ~) - EXW (ex works)
Werkstatt - workshop
Wert - value
Wettbewerb - competition
wettbewerbsfähig - competitive
wie ... erwähnt - as mentioned
wiegen - to weigh
Wirtschaftsjahr - financial year
Wirtschaftsprüfer(in) - accountant, auditor
Wunsch (auf ~ erhältlich) - available upon request; optional
Wünsche - wishes

Z

Zahlung nach Warenerhalt - charges forward
Zahlungsaufschub - extension of payment time, respite
Zahlungsbedingungen - terms / conditions of payment
Zahlungsmitteilung - advice of payment
Zahlungsunfähigkeit - failure to pay
Zeit (die ganze ~ über) - throughout
Zeitplan - schedule
Zentrale - head office
zerbrochene Ware - breakages
Zimmer (freies ~) - vacancy
Zoll(polizei) - customs
Zollabfertigung - customs clearance
zollfrei - duty free
Zollgebühren - customs duties
zollpflichtig - dutiable
Zubehör(-teil) - accessory; component part
zugeben - to admit
zunehmen - to increase
zurück an den Absender - return to sender
zurückerstatten - to refund
zurückgeben - to return, give back
zurückrufen - to call back; to return a call
zurückschicken - to return, send back
zusammen mit - together with
zusätzlich - additional, further
zuversichtlich - confident
zuzüglich berechnen - to charge at extra cost
zwanglose Kleidung - casual dress
Zweigstelle - branch
Zwischenverkauf - prior sale

Stichwortverzeichnis

Kleiner Spickzettel für Telefongespräche

Sie möchten jemanden anrufen

Name und Firma nennen
Hello, this is Dieter Maier from *(Firma)* / *(Stadt)* calling... .

Sich entschuldigen
I'm sorry to be calling so late... .
I'm sorry to disturb you... .
I'm sorry, I must have dialled the wrong number.

Den gewünschten Gesprächspartner verlangen
Could I please speak to Mr / Mrs ... ?
Could I please speak to someone in the ... department?

Den Grund des Anrufs nennen
I'm calling about... .

Zuständigkeiten erfragen
I'd like to speak with someone who can help me with / advise me about... .

Um Hilfe bitten
Perhaps you could help me...?

Um einen Termin bitten
I'd like to arrange an appointment with Mr / Mrs ... . (It's urgent.)

Erreichbarkeit erfragen
Do you know when he / she will be back / available?
When would be a good time to call back?

Eine Nachricht hinterlassen
Could I please leave a message for Mr / Mrs ... to call me back?

Später nochmals anrufen
I'll call back later.

Verständnis sichern
I'm sorry, I didn't understand. Could you please repeat that?

Zum Ende kommen
That's all for now.
Thanks for your help.

Sich verabschieden
Goodbye.

Sie werden angerufen

Sich melden
Good morning, *(Firma)* / *(Abteilung)*, Anja Müller speaking.

Rückfragen stellen
May I ask what it's about?

Nach dem Namen fragen
Who's calling please?
Could you repeat your name please?

Den Anrufer weiterverbinden
One moment, I'll connect you.

Die gewünschte Nummer ist besetzt
Are you there? I'm afraid Mr / Mrs ...'s line is busy.

Der gewünschte Gesprächspartner ist nicht erreichbar
I'm afraid Mr / Mrs ... is in a meeting / is out of the office / won't be back until ... o'clock.

Der gewünschte Gesprächspartner hat keine Zeit
I'm afraid Mr / Mrs ... is not available at the moment.

Hilfe anbieten
Can I help you?

Eine Nachricht aufnehmen
Would you like to leave a message?

Wieder anrufen lassen
Could you call back later / tomorrow / at ... o'clock?
I'll give you Mr / Mrs ...'s extension number. It's... .

Einen Rückruf anbieten
Could Mr / Mrs ... return your call / call you back?
How can he / she best reach you?
Does he / she have your number?

Einen Termin anbieten
Would Friday at 3.30 suit you?

Das Gespräch beenden
Thanks for your call. Goodbye.